DOCUMENTS INÉDITS
SUR L'HISTOIRE DE LA CORSE.

DÉPÊCHES DES PROTECTEURS DE SAINT-GEORGES
À LEURS FONCTIONNAIRES
ET À LEURS PARTISANS DANS L'ÎLE DE CORSE
(1454-1457).

PAR M. FRANCIS MOLARD.

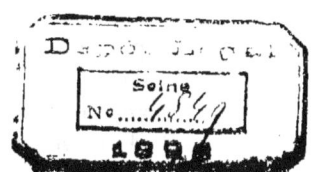

Extrait du *Bulletin historique et philologique*. 1896.

Les documents qui composent le présent envoi consistent en deux cent trente-trois lettres ou dépêches des Protecteurs de Saint-Georges[1] à leurs fonctionnaires et à leurs partisans dans l'île de Corse, du 5 juin 1454 au 18 décembre 1456, c'est-à-dire durant un espace d'environ deux ans et demi. Ces documents, *absolument inédits*, et qui n'ont point été utilisés par la Société des sciences historiques et naturelles de la Corse, ont été recueillis par moi aux Archives de Gênes, pendant les années 1873 et 1874, au cours d'une mission dont m'avait honoré M. le Ministre de l'instruction publique. Ils ont été tirés d'un manuscrit intitulé : [*Regestum*][2] *Litterarum Sancti Georgii*, dont on trouvera plus loin une description très détaillée. Il y a malheureusement dans cette correspondance d'assez nombreuses lacunes, notamment du 20 janvier 1455 au 14 mai de la même année. Mais ces lacunes proviennent surtout de la difficulté des communications, et de la négligence des agents en fait de correspondance.

---

[1] Voir, sur la Banque de Saint-Georges, et notamment sur les Protecteurs, mon travail intitulé : *Essai sur l'origine et l'organisation de la Banque de Saint-Georges*, publié dans les *Archives des Missions*, 3ᵉ série, t. VI, février 1880.

[2] On sous-entend *regestum*. C'est par le génitif seul que sont désignés tous les registres de lettres conservés dans les Archives génoises. Le présent registre n'a pas de numéros.

Par de nombreuses lettres, les Protecteurs les gourmandent et les excitent à leur écrire. C'est ainsi que dans la dépêche 106, ils se plaignent amèrement au gouverneur Paolo Lodisio Marruffo, de ce qu'étant au 14 novembre, jour où ils écrivent, ils n'ont reçu de personne des nouvelles de l'île, depuis le 25 septembre écoulé. Ces lettres, comme je l'ai dit, sont adressées à des fonctionnaires et à des partisans de Saint-Georges. Il y a d'abord (j'emploie l'orthographe des dépêches), trois gouverneurs, Salvagio Salvaigo, mort dans l'île, comme on le verra plus tard, Paolo Lodisio Marruffo et Urbano di Nigro, le commissaire Pier Battista Doria qui était encore en Corse en 1454, et auquel il est envoyé des lettres dont la teneur n'est point indiquée. Les Protecteurs écrivent aussi à Manuale di Rapallo, Podestat di Bonifacio, Carolo de' Franchi, Vicaire de Corse, à Branco Cattaneo, Podestat de Calvi, et à Antonio di Benedicto, Commissaire en cette même ville; au Commissaire Battista Doria, à tous leurs officiers à la fois, en forme de circulaire, aux capitaines d'infanterie Francesco di Modiliano, Battista de Arecio, Nigro et Pansano de Florence. Viennent ensuite : Andrea et Piendebey, châtelains du château delle Motte; Hieronimo di Goarco, Podestat du Cap Corse; Giovanni de Levanto, Sindicateur des officiers de la Corse; Nicolas de Orerio, Lieutenant du Podestat de Calvi; Cosma Calvo, Châtelain de Bastia; Antonio di Benedicto, Châtelain de Calvi; Nicolo de Orerio, Podestat de la même ville; Giorgio Grillo, Podestat de Bonifacio; Giovanni delle Treccie, florentin, capitaine d'infanterie; Simone Spinola, châtelain de Saint-Florent; Bartolommeo de Orerio, Podestat de Calvi; Hieronimo de Savignano, Capitaine général de la Corse. D'autres sont adressées : au Massaro Francesco de' Franceschi, au Commissaire Hieronimo de Goarco.

On trouve encore : Lorenzo di Rapallo, Châtelain de Calvi, Giovan Mateo della Spezia, Vicaire de Corse; Jacopo Celesia et Jacopo de' Vivaldi, Sindicateurs de la Corse; Antonio di Rapallo, Podestat de Bonifacio; le notaire Antonio di Turrilia, Ada de' Vivaldi, Châtelain de Cinarca; Lanfranco de Multedo, Châtelain de Bastia; Priano Salvaigo, Massaro, le notaire Giovanni de Valechia, le Capitaine général Antonio Calvo, Giovanni della Grossa, l'historien, Vicaire de la Banque, Battista Calvo, Podestat de Calvi; et pour finir la série : Cosma Dentuto, Châtelain de Corte, le capitaine Alphonse l'Espagnol, les capitaines Griffone et Guillelmo de Capoue, Bartolommeo Sireto, Châtelain de Sia, Lorenzo Rapallo. Lieutenant d'Outre-Monts, et de nombreux patrons de navires nolisés pour faire le service des dépêches, des transports et des ravitaillements entre Gênes et la Corse.

Tous ces agents sont littéralement accablés de recommandations touchant les affaires qui les concernent. C'est leur négligence à écrire que l'on gourmande, c'est la construction du château de Calvi qui traîne en longueur, et dont la dépense excède de beaucoup ce qui avait été prévu tout d'abord. De Gênes on envoie, pour ce travail, des ouvriers, des matériaux de toute espèce, jusqu'à des briques et de la chaux. Les Podestats de Calvi et de Bonifacio, ces deux clefs de la Corse, sont avertis et réavertis de prendre garde aux complots de l'intérieur et aux dangers de l'extérieur, notamment aux galères catalanes, aux pirates de toute espèce, qui rôdent sans cesse autour de l'île. Les Châtelains ne doivent dormir que d'un œil, crainte de surprise. Ils ne doivent se mêler que de leurs gardes, et obéir en tout aux Gouverneurs. D'autre part, les insurrections causent bien des soucis aux Magnifiques Protecteurs. On ne les dompte point facilement; des échecs ont été subis. Il faut encourager les uns et ramener les autres, annoncer des renforts, s'inquiéter des armes et des munitions, approvisionner et solder ces troupes mercenaires, heureusement peu nombreuses, que Gênes tirait de tous les pays, surtout du Piémont, parfois même de la Savoie.

Les capitaines ont toujours quelques réclamations à faire. Quelquefois même les vivres et la solde n'arrivent pas; alors ce sont des excuses infinies, et par contre de vives objurgations aux agents de la Banque. Comme la Corse est peu productive, il faut créer un centre d'approvisionnement et de ravitaillement. La guerre sévissant au delà des monts, on choisit Bonifacio, ville à portée des camps, forteresse de premier ordre, et dont la population est génoise d'origine et de cœur. Là, on crée une caisse de vivres. Les gros négociants servent de banquiers, et comme les sentiments n'empêchent point les affaires, la comptabilité est sévèrement tenue, et un sou est un sou.

C'est à Bonifacio qu'affluent le froment, le sel, les viandes salées, la poudre et les armes pour les hommes, l'orge pour les chevaux. Afin que les insulaires ne meurent pas de faim, car Saint-Georges ne peut nourrir tout le monde, quand même tout le monde périrait de faim, l'exportation des grains, ce qui est l'essentiel, est sévèrement défendue. On ne fait grâce qu'à un protégé du Duc de Milan, auquel on permet d'emporter une petite quantité d'orge. Ce n'est pas le tout d'ailleurs que de réunir des approvisionnements, il faut encore les transporter. Or, la mer étant infestée de croiseurs catalans, on trouve difficilement des nolis. Puis, dès que la rébellion commence à s'apaiser, les Magnifiques Protecteurs, en banquiers sages, coupent court à la dépense, par le licenciement de tout ou partie de leurs hommes. Mais alors, nouvelles affaires, il faut régler le compte des souldoyers congédiés, les rapatrier et les nourrir durant le voyage. Enfin, ce sont les procès, les exécutions fiscales à poursuivre, les inimitiés privées à apaiser, les défections à punir ou à prévenir.

Tel est le tableau vraiment intéressant et curieux que nous présentent les lettres des Protecteurs de Saint-Georges. C'est là qu'on les surprend, pour ainsi dire, en flagrant délit de gouvernement et d'administration. On s'y instruit tout aussi bien de leur ménage quotidien que de leurs affaires extraordinaires. Et l'impression qu'on en ressent est tellement saisissante, que l'on se prend à regretter qu'il en reste si peu. En effet, si l'on en retrouvait la collection complète, il serait impossible de désirer un monument plus intéressant pour l'histoire de la Corse dans la seconde moitié du xv siècle.

Les noms des partisans de Saint-Georges et les rapports du Magnifique Office avec eux ne sont pas moins importants à étudier; nous voyons successivement apparaître, dans cette correspondance, les noms de Lanfranco Gentile, seigneur de Nonza, de Guelfuccio Gentile, des seigneurs de Brando, de Vinciguerra Gentile, de Giudice della Rocca d'Istria, du prêtre Serviculo de Lumio, de Jacopo de Mancipio, de Vincentello d'Istria, de Giudice della Rocca, de Giovanni et Simone da Mare, de Carlo de Casta, Mariano de Gagio, Francesco d'Istria, du Plébain d'Alessani, de Manfredo de Filataria, de Giovanni de Cataiollo, Manone da Leca, Giovanni Polla, l'Évêque d'Ajaccio, l'Évêque de Marana, Michele de' Germani, du vaillant capitaine Achille Corso, Vincentello de Casta, Donna Cinarchensa, femme de Manone da Leca, de Johannone de Sarola, Giudicello d'Evisa, Lorenzo de Cipello, Plébain de Vico, etc.

Avec tous ses partisans plus ou moins *amés et féaux*, qu'ils soient des féodaux d'au delà des Monts ou des caporaux d'en deçà, de simples gentilshommes ou des colons génois de Calvi et de Bonifacio, le Magnifique Office met admirablement en œuvre le grand art italien de promettre beaucoup et de donner peu : *Belle parole costan poco, e valgon molto*. Les Protecteurs emploient avec succès les *paroles de velours*, qui éblouissent toujours ceux qui les entendent, et au fond ne signifient rien du tout.

Libre à chacun de ces personnages de se croire le fils le plus chéri de Saint-Georges, celui auquel ses maîtres confient leurs plus intimes pensées, et pour qui ils n'ont point de secrets. Il a été à la peine, mais il sera à l'honneur. A-t-on éprouvé des échecs? Vite, une lettre circulaire à tous ces gens-là : des renforts vont arriver en grand nombre; le triomphe des méchants sera court, leur châtiment sera terrible. Que les bons se rassurent, la récompense est au bout. Mais quand vient la fatale échéance, ces estimables banquiers cherchent à l'éluder, et à s'en tirer au meilleur marché possible. Quelques maigres gratifications en argent : les impôts rentrent si mal et l'île est tant épuisée par la guerre! La jouissance ou l'abandon de quelques biens de proscrits à moitié dévastés, une expectative de bénéfices, des greffes de châtellenies, des flatteries et des distinctions honorifiques, voilà toutes les récompenses dont la Banque a parlé avec tant de magniloquence. Le don d'une paire de bœufs, l'usufruit temporaire de quelques confiscations, tels étaient les principaux gains de Vincentello d'Istria, l'un des plus fermes soutiens de la politique génoise au delà des Monts[1]. Il est vrai que le Corse, Italien lui-même, se méfie un peu de toute cette eau bénite de cour. Naturellement, il a un pied dans les deux camps, et fait risette à l'Aragonais tandis qu'il s'incline devant le Génois. Aussi le Magnifique Office vit-il dans des transes perpétuelles, et, hanté par le spectre des défections subites, il pousse volontiers ses amis à s'espionner les uns les autres, pour son plus grand profit.

Pourtant la rivalité et les jalousies entre les insulaires sont telles, que chaque parti, même après sa défaite la plus définitive, peut compter sur un revirement subit, qui le remette du jour au lendemain en possession de tout ce qu'il a perdu, et même de plus encore.

Tels sont, en résumé, les renseignements que l'on peut tirer de cette correspondance. Il reste maintenant à dire quelques mots des événements historiques qui l'ont suscitée, et des circonstances au

---

[1] Il est vrai que Vincentello d'Istria, au dire de Giustiniani, évêque de Nebbio, jouissait dans sa seigneurie d'une indépendance presque complète.

milieu desquelles ces lettres ont été écrites. Nous allons nous servir pour cela de la chronique de Giovanni della Grossa. L'auteur, malgré ses imperfections, est digne de foi, parce qu'il a été le témoin des faits qu'il raconte, témoin nécessairement bien informé, sinon tout à fait impartial, car il était fonctionnaire dans l'île à l'époque qui fait l'objet de son récit. Il n'en va pas absolument de même pour Pierre Cyrnée. Son exposé des faits, qui va de la page 234 à la page 254, dans l'édition de sa chronique donnée par la Société des sciences historiques et naturelles de la Corse en 1884, provient évidemment des rapports exagérés qui ont été faits à l'auteur, et présente un aspect tant soit peu légendaire. Giovanni delle Treccie, dont les lettres des Protecteurs de Saint-Georges ne parlent que comme d'un simple capitaine d'infanterie, y joue un rôle prépondérant. Il n'y est pas question du Capitaine général Hieronimo de Savignano. Le nombre des combattants y est décuplé. Enfin, l'épisode dramatique placé à la fin du récit de Cyrnée, où l'on voit le gouverneur Antonio Spinola attirer à Vico, dans un guet-à-pens, les vingt-deux membres subsistants de la famille de Leca, parmi lesquels Vincente, fils de Manone, est tout autrement raconté dans Giovanni della Grossa [1]. Mais cet événement étant postérieur de beaucoup à l'époque où fut rédigée la correspondance qui fait l'objet de cet envoi, nous croyons inutile de nous en occuper.

Voici maintenant un abrégé des faits qui se sont passés dans l'île de Corse, du 5 juin 1454 au 18 décembre 1456. Pour l'intelligence de ces faits, il est d'abord nécessaire de remonter un peu plus haut. En 1453, la Corse étant déchirée par la lutte entre Galeazzo de Campofregoso, délégué de son cousin Lodovico, qui tenait lui-même son autorité du Pape, et les Aragonais appelés par le parti contraire, les insulaires s'adressèrent à Gênes, et témoignèrent le désir de voir puissante compagnie de Saint-Georges les prendre sous sa protection. Après des négociations assez longues, dont le détail ne peut avoir place ici, la République génoise, sous certaines conditions bien déterminées, transféra le haut domaine de l'île à la Banque de Saint-Georges, par acte du 22 mai 1453, dont Carolo

---

[1] Voir Pierre Cyrnée, liv. III, p. 254. — Voir Giovanni della Grossa, p. 325, éd. de l'abbé Letteron, *Bulletin de la Société des sciences historiques et naturelles de la Corse*.

de' Franchi, peu de temps après Vicaire de la Corse, fut l'un des témoins [1].

La Banque leva quelques troupes, environ cinq cents hommes, et les plaçant sous la conduite du Commissaire Pier Battista Doria, les fit partir immédiatement pour sa nouvelle acquisition. Le Commissaire se présenta devant Saint-Florent avec deux vaisseaux. Après un siège de peu de durée, Vincentello d'Istria, alors partisan des Aragonais, abandonna la place qui capitula. A la suite de ce succès, Doria continua sa marche, les Officiers de Galeazzo lui livrèrent successivement Bastia, Biguglia et Corte. Après avoir pris également possession de Bonifacio et de Calvi, il réunit l'assemblée des insulaires à Biguglia, là où elle se tenait d'habitude. On y publia les règlements et les conventions faits entre l'Office de Saint-Georges et les Corses. Puis Pier Battista Doria envoya partout des officiers, sauf dans certaines parties d'Outre-Monts non encore réduites. Lorsque les impôts furent levés et que la paix fut établie, il laissa en Corse, comme lieutenant, Michele de' Germani, évêque de Marana, et retourna à Gênes [2]. Il y retourna certainement plus tard, car, d'après nos lettres, nous l'y retrouvons en juillet 1454. Durant ce premier séjour, il avait fait au nom de ces mandants des traités particuliers avec divers grands personnages, entre autres avec Guglielmo et Raffaele da Leca, en date de juin 1453 [3].

Mais si l'île était fort tranquille en deçà des Monts, il n'en était pas de même au delà. Aussi, sous l'inspiration de Michele de' Germani, le substitut de Doria, Giudice della Rocca et Raffaele da Leca, qui étaient devenus alors les plus fermes soutiens du parti génois en ce pays, attaquèrent le Vice-Roi aragonais, et ses partisans, Francesco et Vincentello d'Istria. Ceux-ci, après diverses opérations de guerre, durent se soumettre et conclurent une convention particulière avec le Magnifique Office entre les mains de l'Évêque de Marana [4]. Restaient à vaincre les Ornani, qui, cantonnés dans le château de Bozi, s'obstinaient à refuser l'allégeance aux Protecteurs.

---

[1] Voir *Bulletin de la Société des sciences historiques et naturelles de la Corse*, juillet 1881, 7° fasc., p. 213.

[2] Voir Giovanni della Grossa, p. 308, *ed. cit.*

[3] Il fut ratifié par Raffaelle le 30 mars 1454. Nos lettres font allusion aux cautions qu'il fournit à la Compagnie en cette occasion. Voir *Bulletin de la Société des sciences de Corse*, juillet-août 1884, p. 11, 29, 35, 42.

[4] Voir *ibid.*

Sur ces entrefaites, c'est-à-dire vers la fin de l'été de 1453, arriva en Corse le premier Gouverneur envoyé par la Banque. Il s'appelait Salvagio Salvaigo, et entrait en scène suivi de 200 fantassins à la solde de Saint-Georges. Dès le commencement de l'automne, il passa les Monts avec une grande escorte de nobles et de Caporaux. En peu de temps, tout fut pacifié et soumis, à l'exception, comme nous l'avons déjà dit, des Ornani qui tenaient encore le château de Bozi. Le Gouverneur mit le siège devant cette forteresse; mais l'hiver étant survenu, il dut abandonner son entreprise et retourner à Biguglia, qui était alors une manière de capitale pour les pays d'en deçà des Monts.

L'arrivée du printemps de 1454 amena la reprise des opérations qui furent d'abord conduites par le Commissaire Giovanni della Grossa, notre historien, puis par notre vieille connaissance, de retour de Gênes, le Commissaire Pier Battista Doria. Elles eurent plein succès; le château de Bozi fut pris, et les Ornani, comme les autres, durent courber la tête sous le joug de Saint-Georges. On eut à remarquer cependant l'attitude indécise de Raffaele de Leca, qui, sous divers prétextes, ne prit aucune part à l'expédition.

Tout semblait donc parfaitement en ordre, lorsque le feu éclata inopinément dans le Cap Corse. Ce pays était sous la domination de deux familles d'origine génoise, les Gentili et les Da Mare. L'origine des Gentili[1] est indiquée tout au long dans le *Bulletin de la Société de Bastia*, et nous y renvoyons le lecteur. Or, pour des raisons qu'il m'a été jusqu'à présent impossible d'éclaircir, il semble que Simone et Giovanni da Mare, seigneurs de San Colombano, s'étaient laissés circonvenir par une bande de factieux, dont le chef le plus autorisé était un nommé Francesco di Zanino ou Zanilo[2]. Sans se déclarer ouvertement, ils laissèrent faire, et répondirent par des échappatoires à l'invitation directe que leur fit le Magnifique Office, de rétablir l'ordre chez eux. Aussi dut-il s'en charger lui-même, et voit-on, dès le 12 juillet 1454, les Protecteurs écrire à Lanfranco Gentile de Nonza, le priant d'aider dans cette affaire le Gouverneur Salvaigo de ses vassaux. Mêmes lettres furent écrites le même jour à Guelfuccio Gentile, seigneur de Brando, à Vinciguerra Gentile et à Giudice della Rocca. Puis, les châteaux

---

[1] Voir année 1884, 48ᵉ fascicule, décembre 1884, p. 1 et suiv.
[2] Voir Giovanni della Grossa, p. 309, *ed. cit.*

des Mottes [delle Motte] et de San Colombano furent assiégés, et resserrés étroitement. Quoique Battista Doria fut alors en Corse, il ne semble pas que ce soit lui, mais bien le Gouverneur qui ait dirigé les opérations. Dès le 18 juillet, une bombarde de bronze fut expédiée au Cap pour mettre les insurgés à la raison.

Le 27 juillet, Giovanni et Simone da Mare étaient sommés de livrer au Magnifique Office Francesco di Zanino et ses partisans, et de venir faire leur soumission immédiatement, faute de quoi, ils seraient soumis à une exécution militaire. Quoi qu'il en soit, ce n'était qu'un feu de paille, et il fut bien vite éteint.

Dès le 4 septembre, les Protecteurs écrivirent à Andrea et à Pindebey, châtelains nommés par eux du Château des Mottes, pour les avertir qu'ils venaient de nommer Hieronimo di Goarco, Podestat des vassaux de Saint-Georges au Cap Corse, et ils informèrent le même jour les habitants de San Colombano de cette nomination. Le salaire de ce fonctionnaire devait être à leur charge, et monter à 25 livres par mois. Sur quoi il était obligé d'entretenir deux domestiques. Lanfranco di Nonza, Vinciguerra et Guelfuccio Gentili reçurent en même temps cette nouvelle, et furent requis de prêter aide et secours à Hieronimo di Goarco en cas de besoin. Les Da Mari, étant d'origine génoise, ne manquèrent pas d'avocats auprès du Magnifique Office; ils furent reçus à merci, et le 6 décembre 1454, on leur rendit leurs châteaux des Mottes et de San Colombano, sous des conditions assez dures, que M. l'abbé Letteron a imprimées dans le *Bulletin de la Société des sciences de Corse*[1].

Cependant, dès ce même mois de juillet 1454, les affaires avaient recommencé à s'embrouiller sérieusement Outre-Monts. Raffaele da Leca, ce fidèle vassal de la Banque, était devenu grandement suspect au Magnifique Office, qui le soupçonnait, non sans raisons, d'étroites intelligences avec les ennemis jurés de la République, avec les Aragonais. Quelle pouvait bien être la cause d'un revirement aussi inattendu? Malgré toutes les recherches, elle reste obscure. Peut-être Raffé [2], comme l'appelle Pierre Cyrnée, était-il mécontent de la seigneurie qui lui avait été octroyée; peut-être jugeait-il que la récompense reçue n'était point égale à ses mérites; peut-être aussi était-il jaloux de la faveur dont jouissaient auprès

---

[1] Voir *Bulletin de la Société des sciences de Corse*, juillet-août 1884, 43°, 44° fascicules, p. 147-169.
[2] C'est l'abréviatif corse de Raffaelle.

des Protecteurs les seigneurs d'Istria. Ces hobereaux étaient d'humeur si mobile, si envieuse, qu'il était impossible de faire aucun fond sérieux sur leur affection [1].

Le fait est que, dès le 12 juillet 1454, les Protecteurs annoncent au prêtre Serviculo de Lumio, et à Jacopo di Mancipio qu'ils viennent d'envoyer en Corse un navire bondé de soldats, de bricoles [bricole[2]], et de munitions, et que les insolences de Raffaele da Leca ont provoqué leur courroux. Le 23 du même mois, lettre confidentielle à Giudice della Rocca. Ils ont décidé de le mettre au courant de leurs plus secrètes pensées afin d'obtenir la pacification de l'île, et ils réclament son concours pour achever cette bonne œuvre. Lui, Giudice, sait par expérience qu'ils ne sont point ingrats de leur nature. Ils espèrent d'ailleurs le lui mieux prouver encore dans l'avenir. En conséquence, ils lui mandent qu'informés des mauvais desseins de Raffaele da Leca à leur égard, ils ont résolu de le priver de ses biens et de toutes les forteresses qu'il possède dans l'île. Le Gouverneur est chargé de l'exécution, pour laquelle on lui a envoyé des soldats et de l'artillerie. S'il l'aide bien dans cette entreprise, il n'aura pas à s'en repentir. Des dépêches dans le même sens sont expédiées au Podestat Manuale di Rapallo, au Conseil et à la Commune de Bonifacio, ainsi qu'au Commissaire Pier Battista Doria.

Les Protecteurs auraient bien voulu en finir tout de suite, mais sur les conseils du Gouverneur [3], ils résolurent de pacifier le Cap Corse avant de s'engager Outre-Monts. Cette affaire étant réglée, le Gouverneur Salvagio Salvaigo, probablement vers la mi-octobre 1454 [4], passa les Monts avec 700 soudoyers, commandés en sous-ordre par Francesco Fiorentino [5], et des bandes de partisans ayant à leur tête Giudice et Antonio della Roca, Vincentello et Francesco d'Istria, Mariano da Gaggio, et d'autres Corses de distinction. Le siège fut mis devant Cinarca et traîna en longueur. L'oncle de Raffaele, Manone, qui tenait le château de Sia, dans le voisinage, le rendit aux Génois, et fit sa soumission par l'intermédiaire de Vincentello d'Istria. La fortune semblait sourire aux as-

---

[1] Voir à ce sujet Giovanni della Grossa, p. 310, *ed. cit.*
[2] Sorte de baliste.
[3] Voir lettre 23.
[4] Voir lettre 42.
[5] Voir Giovanni della Grossa, p. 310 et suiv., *ed. cit.*

siégeants, lorsque le Gouverneur, pris d'une fièvre aiguë causée par les intempéries, dut quitter l'armée pour repasser en deçà des Monts, laissant le commandement au Vicaire Carlo Luxardo. L'infortuné mourut en route, et cet événement eut lieu, selon toute vraisemblance, durant la première quinzaine de novembre 1454, car, par dépêche du 20 du même mois, les Protecteurs ordonnent au patron de navire Giovanni Carpeneto de prendre à son bord la dépouille mortelle de Salvagio Salvaigo, si le nouveau Gouverneur le lui ordonne.

En attendant, Carlo Luxardo, le Vicaire, avait, à plusieurs reprises, durant le désarroi qui suivit la mort de Salvagio, fait des propositions d'accommodement à Raffaele da Leca qui les repoussa. Mais ayant appris la prochaine arrivée du nouveau Gouverneur, Paolo Alviggi Marruffo, avec des renforts et des munitions, il offrit lui-même l'abandon de Cinarca, qui fut livré aux Génois, et il se retira dans son château de Leca. Le Gouverneur, trouvant toutes choses en bon état, nomma Carlo Luxardo son Lieutenant Outre-Monts, et retourna à Biguglia. Luxardo mit le blocus devant le château de Leca. Ces événements se passèrent vraisemblablement entre la fin de 1454 (novembre-décembre) et le commencement de 1455 (janvier). A dater de cette époque (20 janvier) jusqu'au 14 mai 1455, et du 14 mai 1455 jusqu'au 15 juin, même année, il y a lacune dans la correspondance, mais nous pouvons la remplir par la chronique.

Or voici ce qui se passa. Suivant sa déplorable habitude d'économie, le Magnifique Office, voyant les choses tourner à bien, avait licencié la plus grande partie de ses mercenaires. Leca était plutôt observé que bloqué par quelques soldats de profession et des troupes de partisans qui se gardaient avec négligence. C'est alors qu'entra en scène la flotte aragonaise, venue pour secourir Cinarca. Apprenant que le château avait capitulé, le nouveau Vice-Roi de la Corse, qui la commandait, envoya une galiote à Leca pour annoncer son approche à Raffaele. Aussitôt ce seigneur, ranimé par l'arrivée de ce secours inattendu, réunit les Majorquins du petit navire à sa garnison; et fondant sur les troupes assiégeantes, qui étaient peu nombreuses et ne s'attendaient point à être attaquées, il les mit en complète déroute. Quelques soldats génois, qui avaient pu se réfugier dans les ruines du vieux château de Leca, furent débusqués de cet abri, faits prisonniers et cruellement traités. A cette nouvelle, le Gouverneur Paolo Alviggi, affolé, rassembla environ 2,000 hommes, passa les Monts et pénétra jusqu'à Vico. Mais manquant de provisions, et assailli de pluies continuelles, il dut battre en retraite précipitamment. Les paysans ultramontains, le croyant vaincu, l'attaquèrent au passage du Liamone, qui roulait des eaux fortement grossies par les averses et les orages. Le désordre se mit parmi la troupe génoise, qui subit un assez grave échec, et perdit cent des siens.

Découragé par cet insuccès, Marruffo retourna à Biguglia pour se refaire. Giovanni della Grossa place tous ces événements durant l'hiver de 1455. Mais si l'on admet qu'à cette époque la traversée du golfe de Lion est très malaisée, et que la mer y est mauvaise, il sera plus logique de les reporter au tout commencement du printemps, époque à laquelle il aura été très facile aux vaisseaux aragonais de cingler de Majorque en Corse.

Après le départ du Gouverneur, Raffaele da Leca souleva tout le pays d'Outre-Monts, et n'eut plus pour adversaire que Giudice della Rocca, qui seul tenait pour Saint-Georges. Celui-ci manœuvra assez habilement pour forcer à une trève son puissant adversaire. Mais cette trève ne dura pas longtemps. Le nouveau Vice-Roi aragonais, Berlingero di Rillo, aborda l'île avec huit bâtiments et 200 Sardes. Giudice della Rocca, qui tenta en vain de s'opposer aux progrès des alliés, fut battu par eux au-dessous de Zigliara. Mais le Gouverneur de la Corse ayant reçu par Calvi un renfort de 700 fantassins, commandés, à ce que dit notre chroniqueur, par le capitaine d'infanterie Giovanni delle Treccie, forma une nouvelle colonne de 2,000 hommes, et accourut au secours de Giudice della Rocca, en prenant par Cinarca. Malheureusement les échecs précédents avaient abattu son moral, et de plus, circonstance ignorée de son entourage, une galère et un vaisseau catalans débarquèrent à cet instant même 200 Majorquins. Au premier choc, les deux partis, saisis de terreur panique, prirent simultanément la fuite.

Il ne serait résulté rien de bien grave de cette échauffourée, si les habitants de la *Piève* de Vico, fort affectionnés à Raffaele, se soulevant en masse, n'avaient complété le désastre. Les Génois s'enfuirent précipitamment dans le Niolo, où Giocante da Leca, oncle dudit Raffaele, acheva la déroute. Le Gouverneur et le capitaine de l'infanterie ne durent leur salut qu'à l'excellence de leurs montures; un petit nombre de soldats purent se réfugier à Calvi

Vincentello d'Istria, Mariano da Gaggio, Carlo da Casta, Grillo et Arrigo d'Omessa, fils de l'Évêque d'Aleria, furent sauvés par les paysans, qui ne virent en eux que des compatriotes. Quant à Carolo Luxardo, le Vicaire, qui s'était montré impitoyable pour tout ce qui était Corse, il fut fait prisonnier, et tellement maltraité qu'il en mourut.

Giudice della Rocca, assisté de Vincentello d'Istria, et quelque peu renforcé par le Gouverneur, tenta encore une fois d'arrêter les ennemis, et de remédier à cette situation désespérée; il y réussit en partie. Le manque de vivres dans un pays ravagé empêcha d'ailleurs la poursuite des opérations.

Cette grande défaite du Niolo eut lieu vers la fin de mai ou le tout commencement de juin 1455, car une dépêche du 15 de ce mois, adressée par les Protecteurs à Carlo da Casta, en parle comme d'une chose toute récente.

Ici nos lettres reprennent, et l'on voit que le Magnifique Office ne perdit point courage. Aussitôt il écrivit des lettres d'encouragement, non seulement à Carlo da Casta, mais encore à Vincentello d'Istria, à Giudice d'Istria, à Francesco d'Istria, à Giovanni da Mare, à Lanfranco Gentile de Nonza, à Guelfuccio Gentile, au Plébain d'Alessani et à tous ses autres partisans. Il déclare qu'il n'abandonne point la partie, qu'il va envoyer en Corse de nombreuses troupes, des chefs courageux et expérimentés, des munitions abondantes. Qu'ils aient donc confiance, le succès final est certain, etc.

En effet, dès le 19 juillet, Carlo da Casta et tous les autres sont informés que les Protecteurs font partir pour la Corse quatre gros vaisseaux, remplis de fantassins et d'arbalétriers, sous le commandement de Hieronimo di Savignano et de Leonardo Justignano. Le 28 du mois précédent, ils avaient fait trêve avec le Roi d'Aragon.

Le Capitaine général Hieronimo di Savignano débarquant à Calvi y découvrit un complot en faveur de Raffaele, et mit à mort plusieurs conjurés. Puis, passant Outre-Monts, il battit complètement le seigneur de Leca, et le resserra dans son château. Celui-ci, privé du secours des Aragonais, se trouvait réduit à l'extrémité, lorsque son adversaire, affaibli en hommes, et manquant de vivres, conclut avec lui une courte trêve, pendant laquelle Giudice della Rocca, ce vaillant champion de la Banque, se brouilla avec elle pour des raisons ignorées, et s'allia avec Raffaele. Les révoltés redevinrent à nouveau maîtres du pays d'Outre-Monts. Tout ceci se passait entre le 25 septembre et le 14 novembre 1455[1]. En décembre, même année, arriva dans l'île le nouveau Gouverneur, Urbano di Nigro, accompagné de renforts considérables. Raffaele da Leca et Giudice della Rocca, accablés par des forces supérieures, durent se réfugier, le premier dans Leca, le second dans Barricini.

Pour en finir avec ces deux seigneurs, le 11 février 1456[2], le Magnifique Office envoya, comme Capitaine général en Corse, Antonio Calvo, homme énergique et cruel, qui poussa vigoureusement le siège de Leca. Le château fut emporté d'assaut, ou par trahison, comme le dit Pierre Cyrnée, vers la fin d'avril 1456[3].

Antonio Calvo prit et fit supplicier Raffaele da Leca, Anton Giulio ou Guillelmo, son frère, qui était allé le rejoindre, et vingt-deux autres membres de cette famille. Le corps de Raffaele fut coupé en quatre quartiers, dont un fut exposé dans chacune des villes de Biguglia, Calvi, Corte et Bonifacio.

Après cette terrible exécution, Calvo se tourna contre Barricini. Giudice della Rocca, terrifié, quitta le château, y laissant quelques parents pour le rendre aux Génois. Puis, traqué partout comme une bête fauve, il finit par se retirer en Sardaigne, où il mourut de mort naturelle. Pour les autres seigneurs insurgés, tels que Arrigo della Rocca, Giocanto da Leca, Orlando d'Ornano, Guglielmo de Bozi et Giudice d'Istria, découragés, ils se réfugièrent à Naples, auprès du Roi d'Aragon, dont ils espéraient obtenir quelques secours. Quant à Vincente, neveu de Raffaele son partisan, et fils de Manone, qui lui, s'était déclaré pour les Génois, durant le cours des événements, il subissait dans un cachot de la forteresse de Calvi la plus dure captivité. Telle était, vers la fin de 1456, époque à laquelle se terminent nos lettres, la situation de la Corse, alors tout entière dans les mains de Saint-Georges.

---

[1] Voir lettre 106. — [2] Voir lettre 128. — [3] Voir lettre 149.

DESCRIPTION DU MANUSCRIT.

Registre in-folio, 395 feuillets écrits, papier, relié en parchemin. — Italien-latin, 1454-1457.

La reliure est en fort mauvais état. Sur l'un des plats, on lit, en écriture moderne, l'inscription suivante sur papier : *Lettere diverse*, 1454 in 1457. — *Protettori di S. Giorgio*. — *Lettere spettanti le colonie*. — Au dos se trouvent aussi deux étiquettes sur papier, d'écriture également moderne et rédigées comme il suit : la première contenant simplement une date : 1454-1457 ; la seconde: *Litterarum officii sancti Georgii*. Le registre est paginé par feuillets et en chiffres arabes. L'écriture est de l'époque. Les quatre premiers feuillets sont absolument illisibles et gâtés par l'humidité. La première date que l'on puisse relever est du 14 mai 1454, la dernière du 31 décembre 1457. Après les 395 feuillets écrits, on rencontre une certaine quantité de feuillets blancs, numérotés jusqu'à 397. Ce registre est divisé en *manuali*, ou cahiers, séparés par plusieurs cahiers blancs. Chacun d'eux porte une date et le prénom du chancelier, ainsi par exemple : « 1456 2° novembris — Francisci » : au bas « ihesus ». — L'ordre chronologique est suivi quant à l'année, mais les lettres sont accumulées suivant la fantaisie du copiste, sans ordre de mois, ni de jour, dans l'intérieur des manuels ou cahiers. Ces lettres comprennent toutes les colonies que la République de Gênes, au fur et à mesure de ses besoins d'argent, a engagées successivement à la Banque de Saint-Georges, telles que Samastri, Soldaia et Caffa, Chio, la Corse, et même Pietra Santa sur la frontière de Toscane.

N. B. Les annotations et les renvois inscrits au bas de ces lettres concernent l'édition de la chronique de Giovanni della Grossa, publiée en français par M. l'abbé Letteron, dans le *Bulletin de la Société des sciences historiques et naturelles de la Corse*, janvier-juin 1888.

ANALYSE DES DÉPÈCHES.

1

..........*Les protecteurs de Saint-Georges à Brancho Cattaneo, Podestat de Calvi, et au Commissaire Antonio di Benedicto.*

1454, 5 juin. Gênes. — Ils n'ont rien de nouveau à leur mander, mais quand ils renverront à nouveau le brick porteur de cette dépêche, ils les aviseront de tout ce qui est nécessaire. — (Italien[1].)

2

..........*A Manuale de Rapallo, Podestat, aux anciens et aux Officiers[2] de la Provision de Bonifacio.*

1454, 6 juillet. Gênes. — Voulant montrer tout leur dévouement au Doge et à l'Office di Balia[3] Maritima, ils les prient de mettre à la disposition d'Angelo Santo, leur délégué, la galère qui est actuellement dans le port de Bonifacio, après avoir fait dresser, par un notaire, inventaire exact de tout ce qu'elle contient. — (Latin.)

3

..........*A Salvagio Salvaigo, Gouverneur de la Corse.*

1454, 6 juillet. Gênes. — Au moment où ils se disposaient à lui expédier la birème de Melchione di Montone, les officiers de la *Balia Maritima* sont venus leur demander, au nom de la République, de mettre à sa disposition cette galère et deux bateaux de moindre tonnage, pour les en-

---

[1] La numérotation des feuillets pour les dix-sept premières lettres est incertaine.

[2] *Ufficiali di Provigione*. C'étaient les officiers chargés de l'approvisionnement d'une place ou d'une armée, tant en vivres qu'en munitions.

[3] Délégation à la marine. Ceux qui la composaient remplissaient le rôle de ministre. De cette Balia dépendaient aussi les colonies et les comptoirs.

voyer à Bonifacio. Après le voyage, ils offrent de mettre l'un des bateaux à son entière disposition. Prière de leur répondre à ce sujet. — (Latin.)

4

.........*Au Gouverneur de la Corse Salvagio Salvaigo.*

1454, 12 juillet. Gênes. — Il trouvera, joint à ces lettres, l'inventaire des objets que Francisco Xarabino a fait charger en leur nom sur la barque de Giovanni Carpeneto. Il devra passer en revue tous ces objets. La plupart sont à destination de Bonifacio, et il ne devra retenir que ce qui lui est absolument nécessaire. On enverra à Battista Doria sa part dans la cargaison qui est déterminée par un inventaire qui lui sera remis. De plus, il trouvera dans son courrier différentes lettres adressées à plusieurs personnages notables de l'île. Il les fera toutes parvenir à destination, sauf celles écrites à Giudice della Rocca, au Podestat et à la commune de Calvi, au prêtre Serviculo, à Giacomo di Mancipio, à Battista Doria, et surtout à Raffaele da Leca. Qu'il retienne toutes ces lettres jusqu'à nouvelles instructions. — (Latin.)

5

.........*A Lanfranco Gentile de Nonza.*

1454, 12 juillet. Gênes. — Bien qu'il n'ait pas besoin de leurs exhortations pour faire son devoir et obéir aux ordres du Gouverneur, cependant, ayant appris par lettres de celui-ci que les insolences de Francesco[1] di Zanino l'avaient contraint de prendre les armes, ils le prient d'agir de concert avec ledit gouverneur et de l'aider avec ses vassaux. — (Italien.)

6

.........*A Guelfuccio Gentile, des seigneurs de Brando.*

(Même date). — Ils ont appris les services qu'il a rendus à leur cause. L'avenir démontrera leur reconnaissance. Ils le prient d'aider de tout son pouvoir le Gouverneur Salvaigo[2]. — (Italien.)

---

[1] Voir Giovanni della Grossa, édit. cit. p. 308. Ici Philippini est en désaccord avec Giovanni della Grossa. Voir, pour toute cette affaire, le *Bulletin de la Soc. des sciences de Corse*, 3ᵉ année (1883), 35ᵉ et 36ᵉ fascicules, p. 152 et suiv.

[2] Giovanni della Grossa l'appelle Selvago de' Selvaghi. Voir p. 307.

7

Même date, même lieu. — Pareilles lettres sont adressées à Vinciguerra de' Gentili. — (Italien.)

8

..........*A Giudice della Rocca d'Istria.*

1454, 12 juillet. Gênes. — Les Protecteurs connaissent son attachement à leur cause. L'avenir lui démontrera leur reconnaissance. Bien qu'il n'en soit pas besoin, ils le prient de prêter aide et secours au Gouverneur, dans sa lutte contre Francesco di Zanino et ses partisans, ainsi que contre quiconque serait rebelle à l'autorité de Saint-Georges. — (Italien.)

9

..........*Au Prêtre Serviculo de Lumio.*

1454, 12 juillet. Gênes. — L'occasion qu'il désirait depuis longtemps s'est enfin présentée. Les insolences de Raffaele[1] da Leca ont provoqué leur courroux. C'est pourquoi ils envoient un navire rempli de soldats, de bombardes, de bricoles (bricole) et de munitions. Qu'il s'entende avec le Gouverneur et exécute ses ordres. Ils savent pouvoir compter sur sa fidélité. — (Italien.)

10

Même date, même lieu. — Semblables lettres sont adressées à Jacopo de Mancipio.

11

..........*A Vincentello d'Istria.*

1454, 17 juillet. Gênes. — Ils savent combien il est attaché à leur cause. L'avenir lui prouvera leur reconnaissance. Bien qu'il n'en soit pas besoin, ils le prient de s'entendre avec le Gouverneur, pour en finir avec Francesco di Zanino et ses partisans. Ils espèrent pouvoir compter sur lui en d'autres occurrences semblables. — (Italien.)

12

..........*Au Patron de navire Giovanni Carpeneto.*

1454, 18 juillet. Gênes. — Ils embarquent sur son vaisseau une bombarde de bronze, à destination de la Corse, avec ses attiraux. Prière de

---

[1] Voir Giovanni della Grossa, édit. cit. p. 310.

veiller à sa conservation, soit en la chargeant, soit en la déchargeant, ainsi que sur tous les autres objets qui lui ont été confiés. — (Latin.)

13

. . . . *Au Docteur en droit Carolo de' Franchi, Vicaire de Corse.*

1454, 18 juillet. Gênes. — Les Protecteurs lui ont donné toutes les instructions nécessaires. Ils l'exhortent à les bien remplir. Les informer diligemment au sujet du sel et de la mine (vena) de fer, et de tout ce qu'ont trouvé les deux de Petrasanta qu'ils lui ont envoyés. Le Gouverneur étant fort occupé à faire des exécutions, il le devra suppléer dans l'affaire du sel, de la mine de fer, et exiger impitoyablement toutes les amendes et condamnations. — (Italien.)

14

. . . . *Au Podestat Branco Cattaneo et à Antonio de Benedicto, Commissaire à Calvi.*

1454, 18 juillet. Gênes. — Ils demandent à être avisés sur l'état de la forteresse, et sur ce qu'il y a à y faire. Ils écrivent au Gouverneur ce qui se passe à Gênes. Ils devront obéir en toutes choses que leur commandera ce fonctionnaire. — (Italien.)

15

. . . . *A Salvagio Salvaigo, Gouverneur de la Corse.*

1454, 19 juillet. Gênes. — Ils lui ont recommandé Pietro da Mari auxquels ils ont donné des lettres de créance. Ils lui laissent le soin de l'employer, car il le connaît mieux qu'eux, et sait à quoi il peut être bon. — (Italien.)

16

. . . . *Au même Gouverneur.*

1454, 23 juillet. — Le Duc de Milan les ayant chargés, ou devant les charger de lui chercher des chevaux dans l'île, ils lui en donnent commission, et le prient d'employer tous ses soins et son habileté ordinaire, pour que ce souverain soit entièrement satisfait. — (Italien.)

17

. . . . *Au même Gouverneur*

1454, 23 juillet. Gênes. — L'Évêque d'Aleria s'est plaint à eux de ce

[1] Voir Giovanni della Grossa, p. 308

que, étant depuis longtemps en possession de l'église de Santa-Maria di Talcini, un Corse, nommé Arrigo de lo Sardo, la revendique pour son fils, et les prie de le maintenir en possession de ce bénéfice, jusqu'à ce qu'il ait reçu l'investiture pontificale. Ils le chargent d'examiner cette affaire et de satisfaire l'Evêque, si cela se peut faire sans injustice, ni préjudice des droits d'Arrigo de lo Sardo, ou d'autres tiers. Ils réclament d'ailleurs à ce sujet un rapport très détaillé, car ils ne veulent préjudicier au droit de personne. — (Italien.)

18

..........*A Giudice della Rocca.*

1454, 23 juillet. Gênes. — Les Protecteurs ont décidé de le mettre au courant de leurs plus secrets desseins, pour obtenir la pacification de l'île, afin qu'il les puisse aider dans cette bonne œuvre. Lui, Giudice, sait par expérience qu'ils ne sont point ingrats de leur nature. Ils espèrent d'ailleurs faire mieux pour lui dans l'avenir. En conséquence, ils lui mandent qu'informés des mauvais desseins de Raffaele da Leca [1] à leur égard, ils ont résolu de le priver de ses biens et de toutes les forteresses qu'il possède dans l'île. Le Gouverneur est chargé de cette exécution, pour laquelle on lui a envoyé des fantassins et de l'artillerie. S'il l'aide dans cette entreprise, il n'aura point à les accuser d'ingratitude. — (Fol. 12 r° et v°; italien.)

19

..........*A Manuale di Rapallo, Podestat, au Conseil et à la Commune de Bonifacio.*

1454, 23 juillet. Gênes. — Pour assurer définitivement la sécurité de l'île, il faut en finir pour tout de bon avec Raffaele da Leca [2], dont les méchants desseins ne visent qu'à la troubler. Ils ont envoyé au Gouverneur les forces nécessaires pour réduire tous les châteaux de ce rebelle. Ils les exhortent à l'aider par terre et par mer avec tous les moyens dont ils pourront disposer. — (Fol. 12 v°; italien.)

20

..........*Au Commissaire Battista Doria.*

1454, 17-24 juillet. Gênes. — Les intrigues continuelles de Raffaele da Leca [3] et ses rapports suspects avec leurs ennemis les conduisent à vouloir sa perte. Ils ont expédié au Gouverneur des forces suffisantes.

---

[1] Voir Giovanni della Grossa, p. 310.
[2] Voir *ibid.*
[3] Voir *ibid.*

Il devra se rendre auprès de celui-ci, et l'aider de ses conseils dans cette entreprise. — (Fol. 12 v°; italien.)

21

..........*A tous les Officiers Génois en Corse.*

1454, 24 juillet. Gênes. — Les Protecteurs envoient Guelfuccio de Brando à Antonia Maria di Fiesco. Ils prient la susdite Antonia, Johan Filippo di Fiesco, tous les Officiers génois, et enfin quiconque lira ces lettres de créance, de prêter aide et faveur à leur envoyé. — (Fol. 12 v°; latin.)

22

..........*A Giovanni et Simone de' Mari.*

1454, 29 juillet. Gênes. — Ils savent qu'à cause de la rébellion de Francesco di Zanino, eux, Protecteurs, ont dû faire assiéger les châteaux des Mottes [1] (delle Motte) et de San Colombano, car, bien que la Banque de Saint-Georges les ait toujours traités comme des fils, ils ont refusé de se charger de cette opération de guerre. En conséquence, ils sont avertis que s'ils ne leur livrent pas Francesco di Zanino et sa famille, et s'ils ne viennent pas faire leur soumission au Gouverneur, on procédera contre eux par voie d'exécution militaire. — (Fol. 14 v°; italien.)

23

..........*Au Gouverneur de la Corse.*

1454, 3 août. Gênes. — Ils ont reçu ses dépêches par l'intermédiaire d'Oliverio, et approuvent son idée d'en finir avec le Cap Corse, avant de s'engager dans le midi de l'île. Ils lui enverront comme renfort le navire dudit Oliverio, sur lequel servent le susdit Oliverio de' Grimaldi et Bartolommeo de Orerio. Le bateau ne pourra partir que cette nuit, et Bartolommeo seul s'embarquera. Il l'emploiera comme il jugera plus utile. La galère de Bonifacio vient d'arriver. Ils ont appris du patron que le château des Mottes (delle Motte) venait d'être ravitaillé, et que la forteresse de San Colombano était sur le point de se rendre. On devait leur envoyer comme otages les jeunes da Mare [2] et le frère de Francesco [3] di Zanino. Sur le navire d'Oliverio, il trouvera cinq caisses de carreaux à tiges, trois autres caisses de carreaux pour arbalètes à tour (girella), de la poudre à

---

[1] Voir Giovanni della Grossa, p. 310. Voir *Bulletin de la Soc. des sciences de Corse*, cité plus haut.
[2] Voir Giovanni della Grossa, p. 308.
[3] Voir *ibid.*

bombardes et à sarbacanes. Des boulets de pierre lui seront expédiés par une autre barque. — (Fol. 15 : italien.)

24

..........*A Branca Cattaneo, Podestat, et Antonio di Benedicto, Commissaire à Calvi.*

1454, 3 août. Gênes. — Voyant que l'achèvement de cette forteresse [1] se prolonge plus qu'ils ne croyaient, ils ont chargé Bartolommeo de Orerio d'en surveiller et presser les travaux. Ils les exhortent, en conséquence, à seconder toutes les mesures qu'il croira devoir prendre pour terminer promptement ledit château. — (Fol. 15 : latin.)

25

..........*A Francesco di Mutiliano* [2], *Battista de Arecio, Nigro et Pensano de Florence, Capitaines d'infanterie en Corse.*

1454, 20 août. Gênes. — Ils ont lu avec attention tout ce qu'ils leur écrivent au sujet des *sarbacaniers* (sarbataneri), et de la solde spéciale pour leurs chevaux. Ils écrivent au Gouverneur d'ajouter vingt sous mensuels pour trois mois à la solde de tous les *sarbacaniers* qu'ils choisiront. Il n'est pas d'usage de donner une solde spéciale pour les chevaux des capitaines. Ils ont demandé un rapport particulier au Gouverneur sur cette affaire, et, quand ils en auront pris connaissance, ils verront à les contenter. Ils les exhortent à se bien conduire. — (Fol. 16 v° ; italien.)

26

..........*Au Podestat, Anciens et Conseil de Bonifacio.*

1454, 22 août. Gênes. — Ils ont reçu leurs lettres, avec la copie de celle que leur a adressée Giudice [3] della Rocca. Ils y voient avec regret la fâcheuse situation de ce seigneur, auquel son amour pour la Banque de Saint-Georges a fait de nombreux ennemis qui menacent même sa vie. Ils en écrivent au Gouverneur, pour qu'il couvre Giudice d'une toute spéciale protection. S'il lui arrive du nouveau, il faudra les en avertir. — (Fol. 20 ; italien.)

---

[1] Voir Giovanni della Grossa, p. 308.
[2] Voir *ibid.*, p. 310.
[3] Allusion à la situation difficile où se trouvait ce seigneur, partisan de l'Office de Saint-Georges, avant l'entrée en campagne des troupes génoises. Voir Giovanni della Grossa, p. 310.

27

..........*Au Gouverneur de la Corse.*

1454, 23 août. Gênes. — Ils ont promis au patron Giovanni Carpeneto de lui fournir l'argent nécessaire. Ils le chargent de veiller à l'exécution de leur promesse. — (Fol. 19 v°; latin.)

28

..........*Au même.*

1454, 26 août. Gênes. — Le patron de navire Francesco de Mari étant resté deux jours à Gênes et ayant eu besoin d'argent, ils lui ont avancé six grands ducats d'or, dont il lui devra tenir compte, lorsqu'il réglera avec lui. — (Fol. 19 v°; latin.)

29

..........*A Branco Cattanco, Podestat, et à Antonio di Benedicto, Commissaire à Calvi.*

1454, 27 août. Gênes [1]. — Ils font charger sur le navire de Giorgio di Carlotto, commandé par Pietro Francesco de Calvi, 36 muids et 10 cantares de chaux, 1,800 briques (lateres) et 64 boulets de pierre. Envoyer de suite ces derniers au Gouverneur, et faire examiner la chaux et les briques. Ces matériaux sont pour le château de Calvi, dont on doit restreindre la dépense. D'ailleurs, ils leur reprochent d'y avoir fait exécuter des travaux plus compliqués et plus coûteux que ceux qu'ils avaient ordonnés. — (Fol. 22 v°; latin.)

30

..........*A Andrea et à Pendebey, Châtelains du château des Mottes* [2] (*delle Motte*).

1454, 4 septembre. Gênes. — Ils ont choisi, comme Podestat des vassaux de Saint-Georges au Cap Corse, Jeronimo de Goarco. Ils les exhortent à lui prêter main-forte à l'occasion, et à bien garder la forteresse qui leur est confiée. — (Fol. 23; italien.)

---

[1] Voir Giovanni della Grossa, p. 308-309.
[2] Voir *ibid.*, p. 308.

31

..........*Aux habitants du Cap Corse*[1].

1454, 5 septembre. Gênes. — A la prière de leurs ambassadeurs, et pour leur procurer la paix dont ils voudraient voir jouir tous les habitants de l'île, ils leur ont choisi pour Podestat Jeronimo di Goarco. Ce fonctionnaire leur rendra la justice et les défendra contre toute violence, s'il en est besoin, avec l'aide du Gouverneur. Son salaire, qui est naturellement à leur charge, sera de 25 livres par mois, sur lequel il sera tenu d'entretenir deux domestiques. — (Fol. 24 v°; italien.)

32

..........*A Lanfranco di Nonza.*

1454, 5 septembre. Gênes. — La révolte de Francesco di Zanino et de ses partisans ayant poussé Giovanni da Mare à désobéir à leurs ordres[2] et à troubler la paix du Cap Corse, ils ont nommé Jeronimo di Goarco Podestat des Caps Corsais. Ils le prient de lui prêter aide et secours. — (Fol. 24; italien.)

33

Même date, même lieu. — Pareilles lettres sont adressées à Vinciguerra de' Gentili. — (Même folio; même langue.)

34

Même date, même lieu. — Pareilles lettres sont expédiées à Guelfuccio de' Gentili. — (Même folio; même langue.)

35

..........*Au Podestat Branca Cattaneo et à Antonio di Benedicto, Commissaire de Calvi.*

1454, 9 septembre. Gênes. — Ils leur envoient, sur le brigantin de Ludovico di Luccano de Calvi, 3,200 briques[3] et 43 muids de chaux, pour achever la construction de la forteresse. Ils voient avec regret que la dépense est beaucoup plus grande qu'ils ne l'auraient supposé. Cela provient de ce qu'ils n'ont point obéi à leurs instructions. Ils leur renouvellent

---

[1] Voir Giovanni della Grossa.
[2] Voir *ibid*.
[3] Voir *ibid.*, p. 308.

l'ordre d'en finir au plus vite, et de restreindre la dépense. Ils trouveront sur la barque 40 boulets de pierre, qu'ils feront parvenir au Gouverneur le plus tôt possible. — (Fol. 26; latin.)

36

.... *A Lanfranco de Nonza.*

1454, 19 septembre. Gênes. — Par les lettres du Vicaire et par celles de Bartolommeo de Orerio, ils ont appris les bons services qu'il avait rendus à leur cause dans les affaires[1] du Cap Corse. Ils l'en remercient vivement et espèrent pouvoir l'en récompenser. Ils l'exhortent à persévérer dans la droite voie. — (Fol. 28; italien.)

37

.... *A Jeromino di Goarco*[2], *Podestat du Cap Corse.*

1454, 19 septembre. Gênes. — Par l'entremise de Bartolommeo de Orerio, ils ont appris ses actions, et n'ont qu'à se louer de sa conduite. Il doit maintenant en rester là. Pour faire exécuter ses sentences, il aura recours à la garnison du château des Mottes (delle Motte). Pour la défense de leurs nouveaux vassaux, il s'adressera au Gouverneur. Les aviser de tout. La prise de Cinarca est prochaine[3], alors tout pourra s'arranger. En attendant, encourager les partisans de Saint-Georges, et obéir aux ordres reçus. — (Fol. 28; italien.)

38

.... *A Salvagio Salvaigo, Gouverneur de la Corse.*

1454, 20 septembre. Gênes. — Bartolommeo de Orero les a avertis que la fuste de Francesco de Mare est en mauvais état, et ne peut plus naviguer. Inutile de la réparer. En cas de besoin, on pourrait faire armer celle qui est à Calvi, ou un autre des bâtiments légers qui se trouvent dans l'île. Car celle de Francesco, même en la radoubant à fond, ne pourrait faire un bon service. — (Fol. 28 v°; italien.)

39

.... *Au Podestat Branco Cattaneo, aux Consuls et au Conseil communal de Calvi.*

1454, 20 septembre. Gênes. — Les Protecteurs leur envoient copie de

---

[1] Voir Giovanni della Grossa.
[2] Voir *ibid.*
[3] Voir *ibid.*, p. 311.

la supplique à eux présentée par Pietro di Christiano. Il leur paraît peu juste de molester le suppliant pour une propriété qu'il possède depuis quatorze ans, et où il a fait beaucoup de réparations, surtout quand il n'a pas encore été décidé si le terrain qui fait le fond du litige appartient à la commune, oui ou non. Il convient donc de laisser en paix Pietro di Christiano, tant que cette question préalable n'aura pas été vidée. — (Fol. 28 v°; latin.)

40

.... *Au Podestat de Calvi, Branco Cattaneo.*

1454, 5 octobre. Gênes. — Les lettres ci-incluses doivent être expédiées de suite au Gouverneur de la Corse. — (Fol. 30; latin.)

41

.... *Au Gouverneur de la Corse.*

1454, 5 octobre. Gênes. — Ils lui envoient pour le Podestat du Cap Corse, et pour la bonne gouverne de celui-ci, des instructions qu'il lui fera transmettre aussitôt. Quant à lui personnellement, qu'il n'innove en rien jusqu'à nouvel ordre. — (Fol. 30; italien.)

42

.... *A Jeronimo di Goarco*[1], *Podestat du Cap Corse.*

1454, 5 octobre. Gênes. — Pour gouverner les nouveaux vassaux de Saint-Georges et leur rendre la justice, il devra se conformer aux instructions qu'il aura sans doute reçues des mains du Gouverneur. Si les gens de Saint-Colombano se tiennent tranquilles, il devra les couvrir de sa protection. Toutefois comme ils ont arrêté un de leurs vassaux, il en devra négocier avec eux la mise en liberté et, s'ils le relâchent, relâcher pareillement ceux des leurs que lui et le vicaire ont pris en représailles. — (Fol. 30; italien.)

43

.... *A Lanfranco de Nonza.*

1454, 10 octobre. Gênes. — Le nouveau Gouverneur de la Corse va partir, et il lui a été spécialement recommandé. Après la prise de Cinarca, ils espèrent pouvoir licencier tous leurs soldats. Pour hâter cet heureux résultat, ils le prient d'aider le Gouverneur de toutes ses forces, suivant son habitude. Et comme ses différends de famille leur sont très dés-

---

[1] Voir Giovanni della Grossa, p. 208.

agréables, ils ont chargé ce nouveau fonctionnaire de négocier un accord qui les puisse satisfaire tous, et ramener la paix entre eux. — (Fol. 31; italien.)

44

1454, 10 octobre. Gênes. — Pareilles lettres sont adressées à Vinciguerra de' Gentili. — (Fol. 31 v°; même langue.)

45

Même date, même lieu. — Mêmes lettres sont adressées à Guelfuccio de' Gentili. — (Fol. 31 v°; même langue.)

46

.... *A Carlo da Casta.*

Même date, même lieu. — Ils envoient un nouveau Gouverneur auquel ils ont parlé de lui dans les termes les plus flatteurs. Ils espèrent qu'il continuera à les servir comme par le passé et l'assurent de leur reconnaissance. — (Fol. 31 v°; italien.)

47

Même date, même lieu. — Mêmes lettres sont envoyées à Mariano de Gaggio. — (Fol. 31 v°; même langue.)

48

Même date, même lieu. — Mêmes lettres à Vincentello d'Istria. — (Fol. 31 v°; même langue.)

49

.... *Au Gouverneur Salvagio Salvaigo.*

Même date, même lieu. — Ils ont reçu la visite d'un envoyé des capitaines qui servent en Corse, au sujet de la solde des chevaux et du change des monnaies. Après mûre délibération, après avoir reçu ses lettres, ils lui remettent l'affaire, l'engageant à faire en sorte qu'ils soient contents. — (Fol. 32; italien.)

50

.... *A Francesco de Modiliano, Battista de Arecio, Nigro et Pansano, capitaines d'infanterie en Corse.*

Même date, même lieu. — Ils ont reçu leurs lettres et ouï leurs ambassadeurs. Ils ont chargé le Gouverneur d'examiner leurs demandes et d'y pourvoir, s'il y a lieu. Par la fuste qui vient de partir, ils leur envoient de la poudre et un habile bombardier. Bientôt ils recevront une autre grosse bombarde de bronze, des boulets de pierre, des carreaux et toutes les munitions désirables. Connaissant leur valeur, ils attendent d'eux de grands résultats; après la prise de la forteresse (Cinarca), ils leur démontreront leur reconnaissance. — (Fol. 32; italien.)

51

.... *A Salvagio Salvaigo, Gouverneur de la Corse.*

1454, 16 octobre. Gênes. — Ils ont exhorté Niccolasio Gravello à se rendre au camp. Celui-ci ayant obéi, il convient de lui faire bonne grâce et de lui rembourser ses frais de voyage. Ensuite, il faudra lui donner audience, écouter ses réclamations, et y satisfaire de la manière la plus convenable. C'est un brave et habile homme; lui promettre une récompense. Eux, ne lui ont rien donné, mais ils lui ont fait savoir que, s'il entrait le premier dans la forteresse de Cinarca, il serait satisfait de Saint-Georges. — (Fol. 30 v°; italien.)

52

.... *A Branca Cattaneo, Podestat de Calvi.*

1454, 9 novembre. Gênes. — Ils s'étonnent grandement qu'après tant et tant d'événements remarquables qui se sont passés en Corse, ils reçoivent seulement maintenant ses dépêches par l'intermédiaire du patron Bonaccurso, qui déclare qu'on en a envoyé d'autres par diverses voies. Cela ne l'excuse pas, car toutes les fois qu'il arrive quelque chose d'important, il doit tripler ses expéditions, et même ne laisser personne partir pour Gênes, sans le charger de dépêches. Qu'il fasse donc plus de diligence à l'avenir, et vise à bien garder la forteresse. — (Fol. 42; latin.)

53

.... *Au patron de navire Giovanni Carpeneto.*

1454, 20 novembre. Gênes. — [1] Si le nouveau gouverneur de la Corse lui ordonne de prendre sur son navire la dépouille mortelle de son prédécesseur Salvagio Salvaigo, il doit le faire sans chercher des excuses. — (Fol. 43; italien.)

[1] Voir Giovanni della Grossa, p. 311.

54

.... *A Giudice della Rocca.*

1454, 28 novembre. Gênes. — Le nouveau Gouverneur lui aura donné de leur part toutes les instructions nécessaires. Ce fonctionnaire a reçu des instructions spéciales à son égard. Pour une affaire de grande importance [1], on lui demandera son secours et celui de ses vassaux. Ils l'engagent donc à se rendre auprès de lui à première réquisition, avec une troupe bien armée, et à exécuter virilement l'entreprise dont on le chargera. — (Fol. 44 v°; italien.)

55

.... *A Branca Cattaneo, Podestat de Calvi.*

1454, 10 décembre. Gênes. — Faire tenir immédiatement, et par les voies les plus rapides, les lettres ci-incluses au Gouverneur et aux Syndicateurs à qui elles sont destinées. — (Fol. 52 v°; latin.)

56

.... *A Giovanni de Levanto, Syndicateur des Officiers de la Corse.*

1455, 20 janvier. Gênes. — Voyant qu'il tardait trop à leur recruter pour Caffa des soldats en Corse, ils se sont pourvus à Gênes. Et sous deux jours ces soldats partiront. Ils regrettent de ne pouvoir lui envoyer un navire, mais il n'a qu'à en noliser un sur les lieux, et ils payeront les frais. — (Fol. 66 v°; italien.)

57

.... *A Nicolas de Orerio, Lieutenant du Podestat de Calvi.*

1455, 14 mai. Gênes. — Envoyer promptement, soit à Bonifacio, soit au Gouverneur, et par messager spécial, les lettres ci-incluses. — (Fol. 91 v°; italien.)

58

.... *A Nicolas de Orerio, Lieutenant du Podestat de Calvi.*

1455, 14 mai. Gênes. — Pour en finir avec le procès qui existe au sujet de la possession d'une vigne entre Nigro di Pietro d'une part, et

---

[1] Il s'agit probablement du siège de Leca, château patrimonial de Raffaele. Cinarca avait capitulé après un siège de plusieurs mois et diverses tentatives d'arrangement. Voir Giovanni della Grossa, p. 312. Voir l'Introduction.

Andreone Scorcia de l'autre, ils ont prononcé sentence hier, «et hodie fecimus reformationem». Ils lui enjoignent de la faire exécuter, et que tout soit ainsi terminé. — (Fol. 96; latin.)

59

. . . . *A Carolo da Casta.*

1455, 15 juin. Gênes. — Sitôt qu'ils ont appris la défaite[1] de leur armée, ils ont cru devoir retarder de deux ou trois jours l'envoi de deux gros navires chargés de fantassins et d'arbalétriers, que les vents contraires avaient repoussés dans le golfe de Rapallo, afin d'augmenter ces renforts et d'y ajouter l'argent nécessaire pour refaire leur armée détruite. Informés de la prise de Messer Carlo et de son compagnon, ils enverront des chefs courageux et expérimentés pour commander la nouvelle armée. Qu'il aide le Gouverneur de tout son pouvoir, et prouve son affection pour Saint-Georges dans un moment difficile. Les renforts vont affluer. — (Fol. 106 v°; italien.)

60

Même lieu, même date. — Pareilles lettres sont adressées à Vincentello d'Istria. — (Fol. 107; même langue.)

61

Même lieu, même date. — Semblables lettres sont expédiées à Giudice d'Istria. — (*Ibid.; id.*)

61 *bis*

Même lieu, même date. — Mêmes lettres à Mariano de Gagio. — (*Ibid.; id.*)

62

Même lieu, même date. — Semblables lettres sont envoyées à Francesco d'Istria. — (*Ibid.; id.*)

63

Même lieu, même date. — Semblables lettres sont expédiées à Giovanni de Mari. — (*Ibid.; id.*)

---

[1] Voir Giovanni della Grossa, p. 312, 313, 314 et 315. L'arrivée subite des Aragonais avait fait lever le siège de Leca, et le nouveau Gouverneur Paolo Marruffo avait dû battre en retraite, et dans un retour offensif avait été complètement défait.

64

1455, 15 juin. Gênes. — Semblables lettres sont adressées à Lanfranco de' Gentili de Nonza. — (Fol. 107; italien.)

65

Même lieu, même date. — Mêmes lettres sont faites à Guelfuccio de' Gentili. — (*Ibid.; id.*)

66

Même lieu, même date. — Mêmes lettres sont faites au Plébain d'Alessani. — (*Ibid.; id.*)

67

.... *A Carlo da Casta*[1].

1455, 19 juillet. Gênes. — Sitôt qu'ils ont appris la nouvelle de la défaite de leur armée, ils ont délibéré d'envoyer de suite en Corse deux gros navires, chargés de fantassins et d'arbalétriers, sous le commandement de Jeromimo di Savignano, nommé Capitaine général de toute l'île. Sous peu de jours, ils expédieront deux nouveaux vaisseaux, bondés eux aussi de gens de guerre, sous le commandement de Leonardo Justignano. Ils espèrent constituer ainsi une force suffisante pour dompter les rebelles. Le but de cette lettre est de l'encourager à marcher dans la droite voie, et à donner tout le secours possible à Jeromino di Savignano. Il peut compter sur leur reconnaissance, dont il ne tardera pas à sentir les effets. — (Fol. 108 v°; italien.)

68

Même lieu, même date. — Suivent neuf lettres conçues dans les mêmes termes, et écrites aux mêmes personnages que précédemment, sauf qu'il y en a une de plus pour Vinciguerra Gentili. — (Fol. 109; même langue.)

69

.... *A Cosma Calvo, Châtelain de Bastia.*

1455, 28 juin. Gênes. — Il ne peut ignorer qu'eux, Protecteurs, ont fait trêve[2] avec le roi d'Aragon. Il n'en restera pas moins bien pourvu de vivres et des munitions, et ne sortira pas du château, où il fera monter les

---

[1] Voir Giovanni della Grossa, p. 314.
[2] Voir *ibid.*, p. 316 et 317.

gardes en toute diligence. Il n'y laissera jamais pénétrer ni officier, ni insulaire, sous quelque prétexte que ce soit, à moins d'urgente nécessité, et encore, le nombre des admis ne devra pas dépasser deux personnes à la fois. Cette lettre sera tenue secrète. — (Fol. 112 v°; italien.)

70

Même lieu, même date. — Mêmes lettres à Simon Spinola, châtelain de Saint-Florent. — (Fol. 112 v°; même langue.)

71

Même lieu, même date. — Mêmes lettres à Leonardo d'Axereto, châtelain de Corte. — (Fol. 113; même langue.)

72

Même lieu, même date. — Mêmes lettres à Giovanni Mainerio, châtelain de Pietralerota. — (Fol. 113; même langue.)

73

Même lieu, même date. — Mêmes lettres sont faites à Antonio di Benedetto, châtelain de la forteresse de Calvi. — (Fol. 113; même langue.)

74

Même lieu, même date. — Mêmes lettres sont adressées au Châtelain de Biguglia. — (Fol. 113; même langue.)

75

.... A *Antonio di Benedicto, Châtelain de Calvi.*

1455, 8 juillet. Gênes. — Les maçons envoyés récemment pour la construction de la forteresse se plaignent de ce qu'ils n'ont pas reçu le salaire convenu, et de ce qu'on les contraint d'acheter aux agents de Saint-Georges les choses nécessaires à la vie. Leur réponse, quant au salaire, est qu'ils ont chargé de le payer le Capitaine général et le Massaro[1]. S'ils n'y ont pas pourvu, qu'il les paye lui-même. Quant aux achats de vivres, ils s'étonnent grandement qu'on ne laisse pas les ouvriers entière-

---

[1] Le Massaro était à la fois le payeur et l'intendant de l'armée. Il percevait également les revenus de l'île.

ment libres. Il devra s'occuper diligemment de la forteresse. — (Fol. 115 v°; italien.)

76

.... *Au même.*

1455, 12 juillet. Gênes. — Il faut que le château soit terminé au plus tôt, car la dépense a dépassé tout ce qu'ils pouvaient imaginer [1]. Qu'il pousse donc les travaux. Leur envoyer la liste des différents envois de chaux et de briques expédiés. Leur adresser également l'inventaire des armes, ferrures et autres objets qu'il a entre les mains, avec l'indication des provenances. — (Fol. 115 v°; italien.)

77

.... *A Nicolo de Orerio, Podestat de Calvi.*

1455, 15 juillet. Gênes. — Ils ont reçu ses lettres et ses informations dont ils le remercient. Lui recommandent l'activité dans sa correspondance, et de leur envoyer des dépêches par toutes les occasions possibles. Vigilance jour et nuit dans la garde de la ville et du château; qu'il transmette ces recommandations à Lorenzo de Rapallo et à Antonio di Benedicto. Sous quatre jours, on lui enverra son frère Bartolommeo avec trente hommes bien armés. — (Fol. 118 v°; italien.)

78

.... *A Jacopo di Mancipio et Bonaccurso, citoyens de Calvi.*

1455, 15 juillet. Gênes. — Le Gouverneur et le Capitaine général de la Corse ne font que leur écrire au sujet de leurs bons sentiments et de leur zèle pour la cause de Saint-Georges. On les remercie et on les exhorte à persévérer. Ils éprouveront à l'occasion toute leur reconnaissance. — (Fol. 118 v°; italien.)

79

.... *A Manfredo di Filataria.*

1455, 15 juillet. Gênes. — Ils ont appris avec la plus grande peine qu'il avait été fait prisonnier [2]. Mais cette peine s'est changée en joie à la nouvelle qu'il s'était échappé, et avait pu se réfugier à Cinarca. Ils écrivent au Capitaine général de le bien traiter et de l'employer. Il aura à lui obéir, et à se venger des outrages dont les rebelles l'ont abreuvé. Ils attendent

---

[1] Voir Giovanni della Grossa, édit. cit., p. 308.
[2] Voir *ibid.*, édit. cit., p. 314-315.

avec impatience de ses nouvelles, et lui répondront comme il le mérite. — (Fol. 118 v°; italien.)

80

.... A *Georges Grillo*, Podestat, et au Conseil communal de Bonifacio.

1455, 15 juillet. Gênes. — Par le navire de Demetrio Catanio qui leur a porté des grains et des munitions, on les a avisés autant qu'il était nécessaire de veiller à la sûreté de la ville et de la forteresse qui sont menacées. Ils ont condamné Vinciguerra de Cataiollo à payer 6 l. 4 s. 4 d., monnaie de Gênes, aux *Massari* des vivres de Bonifacio; faire exécuter cette condamnation, et quand ce sera fait, les en informer. — (Fol. 119; italien.)

81

.... A *Paulo Lodisio Marruffo*, Gouverneur de la Corse, et au Capitaine général Hieronimo de Savignano.

1455, 18 juillet. Gênes. — Le vaillant Achille Corso leur a été recommandé tout spécialement par le Duc de Milan qu'il a servi pendant longtemps. En outre, il est parent de l'Évêque d'Aleria. Le bien traiter, l'aider de toutes manières, et même l'employer s'il est possible. — (Fol. 120 v°; italien.)

82

.... A *Giudice della Rocca*.

1455, 19 juillet. Gênes. — Le Capitaine général et le Gouverneur de la Corse ne se lassent pas de bien parler de lui et de ses sentiments. Ils l'invitent à persévérer, et à la fin de la guerre il sera récompensé. Saluer Luchone de leur part, et les informer de tout ce qu'il leur est nécessaire de savoir. — (Fol. 120 v°; italien.)

83

.... A *Vincentello d'Istria*.

1455, 19 juillet. Gênes. — Ses promesses ont été d'accord avec ses actes. Il est en grande réputation auprès de tous les citoyens de Gênes. Qu'il continue ainsi, et après la guerre, on le récompensera richement de ses services. — (Fol. 120 v°; italien.)

84

. . . . A Giovanni delle Treccie[1]*, Capitaine d'infanterie.*

1455, 21 juillet. Gênes. — Ils ont reçu ses lettres du 10, où il se plaint de ce que le Gouverneur n'ait pas observé toutes les conditions de son engagement. Cela leur est infiniment désagréable, et ils s'informeront du fait. Quand il quittera leur service, ils veulent qu'il soit satisfait. L'engagent en conséquence à se bien conduire. En attendant des informations du Capitaine général à son égard, ils désirent de sa part de nouvelles et plus amples explications. — (Fol. 125; italien.)

85

. . . . A Giovanni de Mari, du Cap Corse.

1455, 5 août. Gênes. — On dit à Gênes qu'à l'instigation des partisans de Zanino[2], il maltraite ses vassaux. Eux n'en savent rien officiellement, toutefois ils lui écrivent pour l'exhorter à changer de conduite, car toute vexation faite à leurs partisans au Cap Corse, leur est parfaitement désagréable. Et il pourrait fort bien s'en repentir. — (Fol. 127; italien.)

86

. . . . Au Podestat, Syndic, Conseil et Commune de Bonifacio.

1455, 6 août. Gênes. — L'abbé de San Bartolommeo leur a écrit au sujet des désordres qui ont eu lieu à Calvi ces jours passés. Ce qu'ils auraient de mieux à faire, c'est d'envoyer à Gênes une députation de deux ou trois Calviens notables, qui les informeraient de ce qui se passe, et surtout des abus que pourraient avoir commis leurs officiers. Ensuite, eux, Protecteurs, prendraient les mesures nécessaires pour punir les méchants et récompenser les bons. — (Fol. 129; italien.)

87

. . . . A Paulo Lodisio Marruffo, Gouverneur de la Corse.

1455, 8 août. Gênes. — Ils ont appris avec étonnement que, l'Évêque de Mariana ayant fait emprisonner un prêtre qu'il prétendait être fort coupable, il a pris sur lui de le mettre en liberté. Loin de contrarier l'Église dans son action, il doit lui prêter main-forte toutes les fois que cela sera

---

[1] Cité dans Giovanni della Grossa, p. 314.
[2] Ce Zanino est cité dans les premières lettres. Voir plus haut.

nécessaire. Il devra donc faire reprendre le susdit prêtre, et le remettre à son évêque. Qu'à l'avenir il respecte les sentences de l'Église. — (Fol. 131; latin.)

88

..........*A Simon Spinola, Châtelain de S. Fiorenzo.*

1455, 11 août. Gênes. — Au reçu de la présente, il enverra Leonardo di Recallo, ou un autre à sa place, s'il n'y peut aller, à Giovanni da Mare, pour lui porter la lettre ci-incluse. Ce messager devra la lui lire en secret, sans que personne en puisse rien entendre, et il rapportera la réponse. — (Fol. 132; italien.)

89

..........*A Paolo Lodisio*[1] *Maruffo, Gouverneur de la Corse.*

1455, 20 août. Gênes. — Ils ont reçu des lettres écrites de Corte. Ils regrettent qu'il soit mécontent des pouvoirs spéciaux (*balie*) accordés au Massaro et au Vicaire. L'affaire de Pansano sera, comme il le demande, réservée à son successeur. Ils ont appris la victoire remportée, près de la forteresse de Sia, par le Capitaine général de la Corse, sur Raffaele da Leca. Qu'il porte secours de tout son pouvoir au susdit capitaine. — (Fol. 135; italien.)

9

..........*A Sireto de Vultabio, patron de birème.*

1455, 26 août. Gênes. — Ils lui reprochent d'être partis sans la permission du Capitaine général de la Corse, d'autant plus qu'il a été payé d'avance pour un mois. Il est vrai que le Duc de Milan a écrit au patron de la trirème qui l'accompagne, mais sa lettre ne les obligeait en aucune façon à partir avant d'avoir obtenu le résultat désiré. Il doit donc obéir et se tenir à leurs ordres, sinon ils procéderont contre ses cautions. — (Fol. 137; italien.)

91

..........*A Giovanni de Cataiollo*[2], *leur fidèle vassal.*

1455, 5 septembre. Gênes. — Le Podestat de Bonifacio, Manuale di Rapallo, et plusieurs autres les ont informés des services qu'il leur a rendus. S'il persévère, ils le récompenseront comme il le mérite. Un navire vénitien doit débarquer à Bonifacio 1,500 mines de grains, qu'ils ont pro-

---

[1] Giovanni della Grossa l'appelle Polo Alviggi Maruffo. Voir p. 311.
[2] Riche négociant de Bonifacio et fidèle partisan de Saint-Georges.

mis de payer en ducats d'or. Vu la famine qui règne partout, ils seraient très heureux si le restant de leurs achats, qui s'élève à autant, pouvait être également déchargé et vendu. Ils le prient de les aider en cette occurrence. — (Fol. 141 v°; italien.)

92

..........*Au Podestat de Bonifacio, Giorgio Grillo, et aux citoyens de Bonifacio, Giovanni di Cataiollo et Giovanni Pola.*

1455, 16 septembre. Gênes. — Ayant reçu de Lodisio de' Fornari cent grands ducats d'or, ils veulent qu'au reçu de la présente, ils payent la même quantité à Edoardo Lavello di Giovanni. Les compenser sur les grains qu'ils leur ont envoyés. — (Fol. 144; italien.)

93

..........*A Hieronimo de Savignano*[1]*, Capitaine général de Corse.*

1455, 18 septembre. Gênes. — Ils s'étonnent fort de n'avoir pas reçu depuis longtemps de ses nouvelles. Il est vrai que le Podestat de Calvi leur a fait tenir une de ses lettres par laquelle ils sont avisés qu'au 3 septembre les affaires allaient bien, et que Raffaele da Leca n'avait pas avec lui plus de 50 hommes[2]. Ils n'en attendent pas moins avec impatience des nouvelles plus précises. C'est pourquoi ils l'invitent à leur écrire plus fréquemment, soit par la voie de Calvi, soit par celle de Saint-Florent. Ils lui ont envoyé leurs instructions par Adam de Vivaldo. Le nouveau Gouverneur arrivera aux calendes d'octobre. — (Fol. 144; italien.)

94

..........*Au Podestat de Bonifacio, Georgio Grillo.*

1455, 19 septembre. Gênes. — Lodisio Aicardo de Port-Maurice, ayant été ces années passées puni par l'office de Saint-Georges pour sa mauvaise conduite, vient d'armer une fuste et en prépare une autre, pour faire la course contre les Génois. Ils vont le faire poursuivre, mais en attendant, ils l'exhortent à se bien garder, et à s'emparer des corsaires par la ruse, et par tous les moyens possibles. — (Fol. 144 v°; italien.)

95

Même lieu; même date. — Mêmes lettres sont adressées à Simon Spinola, Châtelain de Saint-Florent. — (*Ibid.*; italien.)

---

[1] Giovanni della Grossa l'appelle Girolamo de Savignone. Voir p. 317.
[2] Voir Giovanni della Grossa, p. 318-319.

96

Même lieu; même date. — Mêmes lettres à Cosma Calvo, Châtelain de Bastia. — (*Ibid.*; italien.)

97

Même lieu; même date. — Lettres semblables à Bartolommeo de Orerio, Podestat de Calvi. — (*Ibid.*; italien.)

98

Même lieu, même date. — Mêmes lettres à Paolo Lodisio Marruffo, Gouverneur de la Corse. — (*Ibid.*; italien.)

99

.... *A Hieromino de Savignano, Capitaine général de la Corse.*

1455, 19 septembre. Gênes. — Instructions relatives à Lodisio Aicardo. Voir plus haut. — (Fol. 154; italien.)

100

.... *A Hieronymo de Savignano, Capitaine général de la Corse.*

1455, 27 septembre. Gênes. — Ils ont reçu une de ses dépêches, datée du 21 septembre, où il les engage à écrire à Antonio da Presio, à Rome, qu'il le crédite de 3,000 grands ducats d'or, et les lui expédie à première réquisition, car il a pris accord avec Raffaele da Leca[1] et tous les siens. Bien qu'ils n'aient reçu aucun autre avis que sa lettre fort laconique, ils ont déjà pris leurs précautions à cet égard, et attendent avec impatience des détails. — (Fol. 147 v°; italien.)

101

.... *A Cosma Calvo, Châtelain de Bastia.*

1455, 30 septembre. Gênes. — Ils lui ont déjà recommandé de mettre grande diligence à la garde de la forteresse, où il ne devra laisser entrer que deux hommes à la fois, comme le veulent les règlements. Mais comme sur le ravelin en dehors de la tour, il existe un pavillon qu'habite ordinairement le gouverneur, il doit le tenir à la disposition de Paolo Lodisio Marruffo et de sa suite. Mais si dans cette suite il y a des Corses, il ne devra

---

[1] Voir Giovanni della Grossa, p. 317.

pas les laisser entrer. Leurs instructions, quant à l'introduction d'étrangers, ne visaient pas le château lui-même. — (Fol. 153; italien.)

102

.........*A Bartolommeo de Orerio, Châtelain de Calvi.*

1455, 15 octobre. Gênes. — Ils envoient en Corse Jeronimo di Goarco[1], qui doit se concerter avec lui. Ils passeront ensemble la revue des armes, munitions et vivres qui se trouvent au château; qu'ils veillent à ce qu'il soit muni convenablement. Lui recommandent surtout et avant tout la vigilance. S'il croyait devoir retenir à la garde du château ledit Jeronimo et Lorenzo di Rapallo, les en avertir et leur donner provision. — (Fol. 159; italien.)

103

.........*Au Podestat de Calvi, Bartolommeo de Orerio, au Syndic et à la Commune.*

1455, 3 novembre. Gênes. — Bonaccurso, citoyen de Calvi, leur a exposé que la commune de Calvi lui doit une certaine somme d'argent, dont il n'a jamais pu obtenir le payement et les a priés de s'interposer à ce sujet. Ils les invitent donc à le payer, ou à permettre qu'il se satisfasse sur les gabelles jusqu'à concurrence de son dû. — (Fol. 147 v°; italien.)

104

.........*A Bartolommeo de Orerio, Podestat de Calvi.*

1455, 6 novembre. Gênes. — Ils ont fait un contrat très onéreux avec un Vénitien, nommé Petro Cinolarcha, patron de vaisseau. Celui-ci après avoir déchargé une certaine quantité de blé à Bonifacio, devra déposer le reste, soit 1,300 mines, à Calvi. Cette précaution leur a paru utile, vu la famine dont il les a informés. Une lettre de Francesco Scalia le renseignera plus amplement. Peut-être ferait-il bien de porter cette mesure à la connaissance de la population. Cependant, comme cette nouvelle pourrait troubler gravement d'autres mesures prises pour le ravitaillement de la ville, ils en laissent la publication à sa prudence. Il se peut en cette occasion consulter avec les notables de la cité. Lui recommandent le château dont la construction doit être terminée au plus tôt. Nouvel envoi de chaux et de briques. — (Fol. 142; italien.)

[1] Ancien podestat du Cap Corse. Le Magnifique Office avait rendu leurs seigneuries à Giovanni et Simone da Mare.

105

. . . . *Au même Bartolommeo.*

1455, 13 novembre. Gênes. — Ils lui ont déjà reproché sa négligence à écrire, et il ne paraît pas que cela lui ait fait grand effet. Une barque bonifacienne est venue de Calvi sans leur apporter de ses lettres, et depuis le 26 septembre, ils sont sans nouvelles. Ils lui recommandent le château, et plus de diligence à l'avenir. — (Fol. 161 ; italien.)

106

. . . . *A Paolo Lodisio Maruffo, Gouverneur de la Corse.*

1455, 14 novembre. Gênes. — N'ayant reçu de lettres ni de lui, ni de leurs autres officiers dans l'île, depuis le 25 septembre, ils ne savent que lui écrire. Beaucoup de bruits courent sur Giudice da Rocca[1], auxquels ils ne peuvent croire, vu la grande affection qu'ils lui portaient. Ils prendront d'ailleurs de telles mesures que qui aura péché s'en repentira. Ils attendent ses dépêches d'heure en heure. Qu'il veille surtout aux forteresses et à leur approvisionnement. Sous deux jours, ils enverront leur successeur. — (Fol. 162 ; italien.)

107

. . . . *A Francisco de' Franceschi, Massaro.*

1455, 14 novembre. Gênes. — Ils ont reçu une de ses lettres datée du 18 octobre, avec post-scriptum du 25. Ils approuvent tout ce qu'il a fait au sujet du sel et de l'exécution des tailles. Le nouveau Gouverneur lui portera un supplément d'instructions. Les châtelains de la Corse leur demandent de l'argent. Ils lui envoient le compte des susdits, dressé d'après leurs propres registres. Il vérifiera ce qu'ils ont reçu en Corse, et s'ils ont bien rempli leurs devoirs. Sinon, il leur fera retenue. Pourvoir à la garde et à l'approvisionnement des forteresses. — (Fol. 162 ; italien.)

108

. . . . *A Antonio de Crovaria, Antonio, Monchavense et Johanni de Rolando, patrons de navires.*

1455, 15 novembre. Gênes. — Pour le bien de l'île de Corse, ils ne doivent pas partir avant que l'un d'eux ait conféré avec le Magnifique Office. — (Fol. 152 v° ; italien.)

---

[1] Voir Giovanni della Grossa, p. 317-319.

109

. . . . *Aux mêmes.*

1455, 22 novembre. Gênes. — Malgré leurs ordres, aucun d'eux ne s'est présenté. Peut-être n'ont-ils pas reçu leurs lettres. Leur renouvellent la précédente injonction, *sub penâ indignationis*. — (Fol. 162 v°; italien.)

110

. . . . *A Mariano de Gagiano.*

1455, 18 novembre. Gênes. — Ils ont appris du Gouverneur ses excellentes dispositions, et comme quoi il lui avait offert des services après la révolte de Raffaele da Leca et de ses partisans. Ils l'en remercient. Le nouveau gouverneur, Urbano di Nigro, lui parlera plus clairement. Ils l'ont recommandé à lui spécialement. L'exhortent à persévérer. Ils ont pris de telles mesures que les traîtres se repentiront de leurs méfaits. — (Fol. 164 v°; italien.)

111

. . . . *Au Commissaire Hieronimo de Goarco.*

1455, 18 novembre. Gênes. — Ils approuvent sa conduite. Qu'il exécute les ordres du Capitaine général et leur donne avis de tout. — (Fol. 164 v°; italien.)

112

. . . . *Au plébain d'Alessani.*

1455, 18 novembre. Gênes. — Ils l'ont recommandé spécialement au nouveau Gouverneur, Urbano di Nigro, et l'ont informé de ses services. L'engagent à persévérer. Les traîtres seront punis comme ils le méritent. — (Fol. 165; italien.)

113

. . . . *A Paolo et Agostino de Jodaone, leurs amis.*

1455, 18 novembre. Gênes. — Si le Gouverneur leur demande de l'argent, ils peuvent lui en prêter. Ils les rembourseront en lettres de change sur Gênes. — (Fol. 165; italien.)

114

. . . . *A Carlo da Casta.*

1455, 18 novembre. — Ils ont choisi et envoient comme nouveau Gouverneur en Corse Urbano di Nigro, et lui ont parlé de ses services, en le recommandant tout spécialement à sa bienveillance. Ils l'exhortent à persévérer dans la bonne voie et à s'acquérir de nouveaux titres à leur reconnaissance. Envoient de nombreux renforts, les traîtres seront punis. — (Fol. 167; italien.)

115

..........*A Cosma Calvo, Châtelain de Bastia.*

1455, 19 novembre. Gênes. — Bien qu'il n'en soit pas besoin, ils l'invitent à recevoir avec tout le respect possible le nouveau Gouverneur, Urbano di Nigro, et sa suite, et à les traiter convenablement. — (Fol. 165 v°; italien.)

116

..........*A Manone de Leca* [1].

1455, 2 décembre. Gênes. — Ils ont reçu ses lettres, et ouï les commissions qu'il a données à Branca Cattaneo. Ses services l'ont placé parmi les amis de Saint-Georges, et ils écrivent à son sujet au nouveau Gouverneur, qui accomplira toutes les promesses de feu Salvagio Salvaigo. L'exhortent à persévérer. Bientôt les bons seront récompensés et les méchants punis. — (Fol. 171; italien.)

117

..........*Au Gouverneur Urbano di Nigro* [2].

1455, 2 décembre. Gênes. — Manone de Leca, l'an passé, a remis à défunt Salvagio Salvaigo le château de Sia, sous certaines conditions. Ils entendent qu'elles soient observées, si lui-même a rempli tous ses engagements. En outre, ils le lui recommandent. — (Fol. 172; italien.)

118

..........*A Giovanni de Cataiollo.*

1455, 8 décembre. Gênes. — Le Capitaine général de la Corse leur écrit qu'il a fait plus que son devoir envers le Magnifique Office, et leur a offert sa personne et ses biens. Ils l'en remercient et l'engagent à continuer et à acquérir ainsi des titres toujours plus grands à leur reconnaissance. — (Fol. 176 v°; italien.)

---

[1] Voir Giovanni della Grossa, p. 311 et 317.
[2] Voir *ibid.*, p. 316.

119

.... *A Lorenzo de Rapallo, Châtelain de Calvi.*

1455, 11 décembre. Gênes. — Ils ont reçu ses lettres et savent qu'il garde le château avec diligence. Il n'a qu'à continuer. Ils lui recommandent surtout les prisonniers. Qu'il mette Vincenzo de Leca dans le cul de basse-fosse qui est sous le donjon, et le tienne bien enchaîné à un poteau, car il est renommé pour son audace. Ils lui enverront la chaîne et les clous qu'il a demandés. Ils ont écrit au *Massaro* de le subvenir d'argent toutes les fois qu'il sera nécessaire. — (Fol. 177 v°; italien.)

120

.... *Au Commissaire, Hieronimo de Goarco.*

1455, 11 décembre. Gênes. — Ils se louent de ce qu'il a fait et de sa diligence. Lui envoient les instructions demandées. — Qu'il se présente au Capitaine général et au nouveau Gouverneur, pour prendre langue avec eux. Ceux-ci l'informeront de ce qu'il doit faire. — (Fol. 177 v°; italien.)

121

.... *A Giovanni Polla et à Giovanni Cataiollo, citoyens de Bonifacio.*

1455, 13 décembre. Gênes. — Ils ont reçu d'Antonio de Rapallo 34 grands ducats d'or. Les prient de lui restituer cette somme et de la leur porter en compte, en comptant le ducat à 49 sous. Prière aussi de payer à Giuliano Riccio, patron de l'aviso (*sagitea*), qui leur porte cette lettre, la somme de 50 livres, si ledit Antonio le leur demande, en comptant également le ducat à 49 sous. Prendre cet argent sur ce qui leur reste entre les mains du prix des menus grains qu'ils leur ont envoyés. Puis les aviser. — (Fol. 185; italien.)

122

.... *Au Massaro, Francisco de' Francisci.*

1455, 13 décembre. Gênes. — Ils ont payé à Pasquino, soldat de la compagnie du capitaine Giovanni de le Treccie, la somme de 12 livres 14 sous. Ils ont en outre acheté, et lui envoient dans un sac, pour le compte dudit Giovanni, cent paires de souliers, à raison de six deniers la paire, soit 31 livres 5 sous, puis dix jacques et 36 paires de pantalons, qu'il trouvera dans un autre sac, le tout à raison d'un sou chaque. A ce prix, il tâchera d'ajouter le 4 p. o/o de bénéfice, pour l'assurance de ces effets. — (Fol. 186 v°; italien.)

123

..........*Au Capitaine général de la Corse, Hieronimo de Savignano.*

1455, 15 décembre. Gênes. — Comme il leur a demandé un bon arbalétrier, ils lui envoient Cristofero de Sanguineto, qu'ils ont pris à leur solde, moyennant 12 livres par mois. Il a déjà reçu une avance de 30 livres, et s'est engagé à servir jusqu'à épuisement de cette somme; s'il en a besoin, qu'il le retienne plus longtemps, et le paye en conséquence. D'ailleurs, il les avisera du fait. — (Fol. 186 v°; italien.)

124

..........*Aux mêmes.*

1455, 15 décembre. Gênes. — Ils ont pris à leur solde Gambero du Cap Corse, pour deux mois, avec 40 païes. Ils ont enrôlé aussi d'autres capitaines, pour accompagner en deçà des monts le nouveau Gouverneur. Ils les ont embarqués sur un aviso qui les lui amènera. Qu'il les renvoie au Gouverneur, sur un de ses bricks. Antonio di Rapallo leur fera les frais de route et payera en outre le nolis. Les aviser de l'advenu. — (Fol. 187; italien.)

125

..........*Au docteur en droit Giovanni Matteo della Spezia, Vicaire de Corse.*

1456, 16 janvier. Gênes. — Ils ont reçu avec satisfaction ses lettres, où il leur énumère les procès qu'il a faits aux malfaiteurs, et leur marque qu'il a trouvé des débiteurs du fisc, pour plus de 5,000 livres. Ils l'exhortent à continuer comme il a commencé; il acquerra ainsi gloire et honneur. — (Fol. 202; latin.)

126

..........*A Jacopo Celesia et Jacopo de' Vivaldi, Syndicateurs de la Corse.*

1456, 16 janvier. Gênes. — Ils ont appris par leurs propres lettres et par celles du Gouverneur tout ce qu'ils ont fait jusqu'à présent, et que tout va bien en deçà et au delà des Monts. Envoient de nombreuses troupes pour achever de dompter l'insurrection. Qu'ils se conduisent de manière à faire voir au peuple corse que l'Office de Saint-Georges ne veut que la paix et la justice. Punir surtout les officiers qui font le commerce, et faire publier partout que le commerce est défendu à tous ceux qui sont en charge. Leur envoient copie de leurs constitutions à cet égard. — (Fol. 202; italien.)

127

..........*A Antonio de Rapallo, Podestat au Conseil et à la Commune de Bonifacio.*

1456, 17 janvier. Gênes. — Ils savent combien de peines et de dépenses leur coûte la pacification de l'île. Comme ils seront les premiers à en profiter, dès qu'elle sera accomplie, il paraît juste qu'ils y aident, et qu'ils ne fassent ni paix, ni guerre avec les indigènes, sans avis préalable du Gouverneur et du Capitaine général. — (Fol. 202 v°; italien.)

128

..........*Au Gouverneur Urbano di Nigro*

1456, 11 février. Gênes. — Ils ont élu pour remplacer Hieronimo de Savignano, et avec pleins pouvoirs, Antonio[1] Calvo, Capitaine général de la Corse. Partant, pour toute chose d'importance, il devra conférer avec lui. S'il y a urgence, qu'à eux deux ils agissent en toute célérité, sans attendre leur réponse. Ils ont confiance en tous deux, et leur donnent carte blanche pour agir comme ils l'entendront, et dépenser tout ce qui sera nécessaire afin d'obtenir la pacification de l'île. Qu'ils ménagent pourtant l'argent, vu les charges de la Banque. Enfin, ils exhortent le Gouverneur à vivre en bonne harmonie avec le nouveau Capitaine général, et à le bien traiter. — (Fol. 211 v°; italien.)

129

..........*Au Massaro de Corse Francisco de' Francisci.*

1456, 16 février. Gênes. — Ils ont choisi, comme Capitaine général de la Corse, Antonio Calvo, en remplacement de Hieronimo de Savignano et avec les mêmes pouvoirs que celui-ci. Dès l'arrivée du nouveau Capitaine, il devra se transporter au camp avec Giovanni de Villechia, et pourvoir à la dépense journalière. Quant aux dépenses importantes, il devra les faire sur les ordres du Capitaine général et du Gouverneur, et d'accord avec eux. On lui recommande surtout l'économie, et de traiter le nouveau Capitaine général avec tout le respect qui lui est dû. — (Fol. 213; italien.)

[1] Voir Giovanni della Grossa, p. 319.

130

.........*Au Podestat Antonio de Rapallo, au Conseil et à la commune de Bonifacio.*

1456, 16 février. Gênes. — Ils leur annoncent l'élection du nouveau Capitaine général, Antonio Calvo, qui va partir pour sa nouvelle destination, avec de puissants moyens pour terminer la guerre. Qu'ils lui donnent le plus d'aide possible, et lui obéissent en tout dans les affaires concernant la guerre. — (Fol. 213 v°; italien.)

131

.........*A Vincentello d'Istria.*

1456, 16 février. Gênes. — Antonio Calvo est nommé Capitaine général de la Corse. Ils lui ont confié des moyens puissants pour dompter l'insurrection. Ils ont instruit cet officier général de ses bons services et de son attachement à la cause de Saint-Georges, et s'attendent à ce qu'il lui donnera tout le secours possible, et en agira avec lui comme il est accoutumé. Tout le monde à Gênes lui est profondément reconnaissant, et quand le moment sera venu, il sera richement récompensé. — (Fol. 213 v°; italien.)

132

.........*Au Gouverneur.*

1456, 27 février. Gênes. — Galeacino de Campofregoso envoie en Corse un de ses familiers, du nom de Purisino Ponso, pour tâcher de recouvrer quelques biens qui font partie de son patrimoine. S'il est en droit, lui faire rendre justice sommaire, et lui accorder toutes les faveurs honnêtes. — (Fol. 220; italien.)

133

.........*A l'Évêque d'Ajaccio.*

1456, 1er mars. Gênes. — Il doit savoir combien Vincentello d'Istria leur a rendu de services, et combien il leur est cher. S'il y a dans son diocèse des bénéfices à donner, ou des dîmes à vendre, ils le prient de préférer à quiconque ce noble seigneur. Ils lui en seront reconnaissants. — (Fol. 222; italien.)

134

.........*A Bartolommeo de Orerio, Podestat de Calvi.*

1456, 1er mars. Gênes. — Ils ont permis à Petrino Luxardo de se transporter à Gênes avec ce qui lui appartient, et de se présenter devant eux. Qu'il fasse estimer ses biens et les avise de leur valeur. L'oncle de Petrino s'est engagé à le leur amener sans faute, sous peine de payer les cautions de son neveu, ainsi qu'une somme égale à la valeur des propriétés qui ont été séquestrées à celui-ci. — (Fol. 227 v°; italien-latin.)

135

.........*Au Gouverneur Urbano di Nigro.*

1456, 2 mars. Gênes. — Ils ont reçu la visite du prêtre Stefano de lo Quercitello, qu'ils savent leur être fort affectionné. Il est venu leur recommander la pacification de l'île. Ils lui ont répondu en lui montrant leurs œuvres. Lui recommandent ce prêtre, et s'il vient à vaquer quelques bénéfices, les lui donner. — (Fol. 218 v°; italien.)

136

.........*A Francisco de' Francisci, Massaro de Corse.*

1456, 2 mars. Gênes. — Ils ont appris avec regret que les munitions qu'ils avaient envoyées au camp avec Antonio de Rapallo n'y sont jamais parvenues. C'est une grave négligence, vu que bien du temps s'est écoulé, et que le soldat manque de tout. D'ailleurs tout le monde s'excuse, et naturellement tout va mal. Qu'il pourvoie aussitôt, et fasse une enquête sévère. — (Fol. 227; italien.)

137

.........*A Giovanni delle Treccie et autres Capitaines qui servent en Corse.*

1456, 2 mars. Gênes. — Vincentello d'Istria, Battista de Arecio et beaucoup d'autres ont rendu témoignage de leur valeur et de leurs exploits, et aussi des fatigues et des souffrances qu'ils ont eu à supporter par la faute de leurs fonctionnaires. Ils les remercient, et les informent qu'ils vont recevoir vivres, munitions et argent en abondance et, par-dessus le marché, un renfort de fantassins. De cette façon ils pourront sortir à leur honneur de l'entreprise commencée. Qu'ils fassent courage, les faits dont ils ont eu à se plaindre ne recommenceront plus. Ils peuvent communiquer cette lettre à leurs soldats. — (Fol. 228 v°; italien.)

138

.........*A Bartolommeo de Orerio, Podestat de Calvi.*

1456, 2 mars. Gênes. — De grandes quantités de soldats, de vivres et d'argent vont débarquer en Corse. Ils écrivent au Gouverneur de lui envoyer vingt-cinq de ses souldoyers pour la garde de Calvi. L'engagent à être vigilant de jour et de nuit. Les aviser de ce qui se passe à Calvi et dans tout le reste de l'île. — (Fol. 229; italien.)

139

..........A l'Évêque de Marana.

1456, 3 mars. Gênes. — Depuis leurs informations, le prêtre Raniero de Caccia, étant de bonne vie et mœurs, et de plus leur partisan, ils le lui recommandent fortement. Prière de le bien traiter et, si possible, d'exaucer ses demandes. Ils lui en seront très reconnaissants. — (Fol. 223; italien.)

140

..........A Antonio di Turrilia, notaire.

1456, 5 mars. Gênes. — Ils savent que, pendant qu'il était greffier de Calvi, il a rédigé un instrument des cautions fournies par Raffaele da Leca. Ils l'ont fait chercher dans les archives de la cour à Calvi et dans les minutes qu'il a envoyées à Gênes chez son parent, mais ils n'ont pu retrouver l'original. La chose étant d'importance et l'acte récent, ils le prient de chercher à se rappeler ce qu'il en a fait — (Fol 234; latin.)

141

..........Au Massaro Francisco de' Francisci.

1456, 6 mars. Gênes. — Ils lui annoncent l'arrivée de deux maîtres charpentiers ci-dessus indiqués, engagés pour trois mois. Ils ont payé deux mois d'avance. Il leur soldera le troisième. Les trois mois commencent du moment où ils ont mis le pied dans l'île. Ils se rendent au camp, et partout où il les enverra, il restituera à Adam de' Vivaldi l'argent qu'il aura fourni pour les défrayer. — (Fol. 234; italien.)

142

..........A Ada de' Vivaldi, Châtelain de Cinarca désigné.

1456, 6 mars. Gênes. — Comme il est sur le point de se rendre en Corse, ils lui confient deux maîtres charpentiers, Antonio Bacherio et Lazaro de Castello, pour qu'il les conduise en Corse, et les présente au Massaro et au Capitaine. Ils leur ont payé trois mois d'avance, soit 42 livres. Ils écrivent audit Massaro de leur donner 21 livres pour le troisième mois. Durant la navigation, il les défrayera, et sera remboursé des frais. — (Fol. 233 v°; italien.)

143

..........*A Bartolommeo de Orerio, Podestat de Calvi.*

1456, 8 avril. Gênes. — Par d'autres lettres, ils lui ont ordonné de laisser rentrer à Calvi, les femmes et les fils de Francesco [1], et les frères d'Ambrosino qui n'ont pas encore dix-sept ans. Puis est venu Ranuchio di Ambrosino, oncle de Francesco, et ses frères, qui leur ont fait semblable requête pour une servante accompagnant des enfants de leur famille. Il pourra les admettre à la jouissance du même privilège. — (Fol. 260 v°; italien.)

144

..........*A Urbano di Nigro, Gouverneur de la Corse.*

1456, 15 avril. Gênes. — Ils ont appris par Jacopo de' Vivaldi que, pendant le peu de temps qu'il a employé Silvestro di Oleastro de Nonza, il a montré courage et fidélité. Ils désirent le récompenser et lui recommandent de l'employer, toutes les fois qu'il le pourra, et de le traiter de telle sorte [2] qu'il est l'ami et le fils chéri de Saint-Georges. — (Fol. 263; italien.)

145

..........*Au Gouverneur Urbano di Nigro.*

1456, 16 avril. Gênes. — On leur a appris que Francesco di Baldassarre de Piombino est non seulement de bonnes mœurs, mais encore fort attaché au Magnifique Office. Et comme il fait beaucoup de commerce en Corse, ils l'engagent à veiller sur ses biens s'il en est besoin, et à lui accorder toutes les honnêtes faveurs possibles. — (Fol. 264 v°; latin.)

146

..........*A Vincentello d Istria.*

1456, 27 avril. Gênes. — Tous les officiers de Corse s'accordent à le couvrir d'éloges pour la peine qu'il se donne en faveur de Saint-Georges. Le Capitaine Antonio Calvo entre autres, leur écrit *mirabilia* de sa fidélité et de son activité. Qu'il persévère donc, et, avec l'aide de Dieu, ils soumettront leurs ennemis, et alors viendra le temps de la récompense. — (Fol. 274; italien.)

[1] Di Zanino probablement.
[2] Qu'il soit convaincu.

147

..........*A Hieronino di Savignano.*

1456, 27 avril. Gênes. — Ils ont reçu plusieurs de ses lettres par l'aviso du Pape qu'ils lui renvoient. Ils l'attendent avec impatience. Ils ont pourvu à la solde de ses hommes, comme ils verront par les dépêches ci-incluses. Il faudra laisser à son successeur, outre les informations nécessaires, les amendes de Calvi et d'autres localités. Il aura besoin de ces ressources. Qu'il arrive le plus tôt possible; pourtant si son successeur a encore besoin de sa présence, il peut retarder son départ. Ils se déclarent satisfaits du traité qu'il a conclu avec les gens du Niolo. — (Fol. 275; italien.)

148

..........*A Bartolommeo de Orerio, Podestat de Calvi.*

1456, 27 avril. Gênes. — Ils ont reçu ses lettres du 12 et du 16 et se louent fort de sa diligence à écrire. L'engagent à continuer. Ils s'étonnent grandement de ce qu'il ait donné un sauf-conduit aux fustes de Scarragio qui pillent leurs alliés, et même les Génois. Il mérite pour ce fait un grand blâme : qu'il ne se hasarde plus à recommencer, ni à pactiser avec les corsaires. On lui recommande tout spécialement la garde de Vincente da Leca et de la ville qui est confiée à ses soins. Le camp ayant besoin de vivres, qu'il les fasse préparer à Calvi, et les expédie à la première occasion. — (Fol. 278; italien.)

149

..........*A Hieronimo de Savignano.*

1456, 4 mai. Gênes. Par ses lettres et par celles de son successeur, ils ont appris avec une joie indicible la prise de Leca [1], de Raffaele, d'Anton Giulio et des autres principaux traîtres. C'est à sa bravoure qu'ils sont en grande partie redevables de ce considérable succès, pour lequel ils remercient Dieu de tout leur cœur. Il a eu raison de conseiller à son successeur de faire parcourir l'île par des colonnes volantes. Ils lui écrivent à ce sujet. Quant à ses soldats et à leur retour sur le continent, ils ont pris les mesures opportunes, comme il verra par les lettres ci-incluses. Ils l'attendent avec impatience. — (Fol. 278; italien.)

[1] Voir Giovanni della Grossa, p. 319-320.

150

........A Lanfranco de Multedo, Châtelain de Bastia.

1456, 13 mai. Gênes. — Ils viennent d'apprendre que le Gouverneur, ayant cassé un des soldats de la garnison du château, qui avait tenté de faire fuir un collecteur des tailles coupable de malversations, il n'a tenu aucun compte de ce jugement, et a prié le Gouverneur de se mêler de ses affaires. Ils peuvent à peine croire à tant d'audace de sa part. Ignore-t-il que si lui, châtelain, avait commis le même crime, le Gouverneur aurait eu le droit de le faire pendre sans rémission? Ils viennent en conséquence d'ordonner au Gouverneur de procéder contre le soldat dont il est question, et de lui faire infliger une peine corporelle, s'il y a lieu. C'est pourquoi ils lui ordonnent, non seulement de ne pas s'opposer à ce que justice se fasse, mais encore d'obéir au Gouverneur en tout ce qui est de droit. — (Fol. 282; italien.)

151

..........A Hieronimo de Savignano.

1456, 13 mai. Gênes. — Ils ont reçu des lettres de lui envoyées de Calvi au commencement du mois; ils n'y répondront pas parce qu'ils l'attendent d'heure en heure. Avant de partir, qu'il laisse au Massaro toutes les informations nécessaires pour retirer les amendes qui se montent, à ce qu'il paraît, à la somme de 25,000 à 30,000 livres. Il devra emmener avec lui Vincente de Leca[1], et le remettre entre les mains du châtelain de Pietra Santa qui est avisé. — (Fol. 282 v°; italien.)

152

..........A Battista de Arecio, Capitaine de fantassins en Corse.

1456, 13 mai. Gênes. — Par ses lettres et celles d'autres personnes, le Magnifique Office a appris qu'ils ont enlevé d'assaut le château de Leca[2], son seigneur Raffaele, ainsi que les autres rebelles. Eux, Protecteurs, sont au comble de la joie, et portent aux nues leur bravoure. Par exemple, ils s'étonnent fort de ce que leur solde n'ait pas été payée. Car ils avaient pris des mesures pour que tout le monde fût satisfait. Voyant qu'il n'en est pas ainsi, ils enjoignent au Massaro de les payer sur l'argent qu'il a encore à

---

[1] Un des rares membres de la famille de Leca épargnés à la prise du château, ou plutôt qui, comme Giocante, ne s'y étaient pas trouvés. Il était d'ailleurs le *fils de Manone.*

[2] Voir le récit de Pierre Cyrnée qui est différent.

recouvrer. Ils veulent qu'ils soient tous contents en quittant leur service. Ils espèrent qu'ils ont déjà pris le château de Barricini, sinon qu'ils s'en emparent au plus vite. C'est une opération beaucoup plus facile que la prise de Leca. — (Fol. 284; italien.)

153

.........*Au Massaro de la Corse.*

1456, 13 mai. Gênes. — Qu'il retire de l'île tout l'argent qu'il pourra, et les informe du résultat de ses opérations à cet égard. Ne pas négliger de passer en revue les garnisons des châteaux, et d'en dresser procès-verbal *per pelo et per segno*. Il devra surtout visiter les forteresses à l'improviste, afin de surprendre les châtelains. — (Fol. 284 v°; italien.)

154

.........*A Bartolommeo de Orerio, Podestat de Calvi.*

1456, 15 mai. Gênes. — Le Massaro leur annonce que presque aucun château de l'île ne possède la bannière de Saint-Georges. C'est pourquoi ils envoient en Corse, par Paolo di Silvestro, sept petits pennons et un grand drapeau. Si le susdit Massaro est à Calvi, qu'il les lui remette, afin qu'il les distribue suivant son bon plaisir. S'il est au delà des Monts, il devra lui envoyer le nombre de pennons qui lui semblera nécessaire, et retenir les autres, en en faisant pourtant connaître le nombre à ce fonctionnaire qui en disposera plus tard selon son bon gré. — (Fol. 266 v°; italien.)

155

.........*A Carolo di Luciano da Costa.*

1456, 28 mai. Gênes. — Ils ont reçu des lettres datées de Saint-Florent, du 8 du présent mois. Ils y répondront brièvement. Ils n'ont pas besoin de tant de paroles pour savoir qu'il leur a montré tout le dévouement possible. Voici maintenant venir le temps de la récompense. Il peut compter que toutes les promesses qui lui ont été faites, quant au château de Pietra Lerata et au greffe de la Cour, seront tenues exactement. — (Fol. 293; italien.)

156

.........*A Mariano Cortinco da Gagio.*

1456, 1er juin. Gênes. — Ils ont reçu ses lettres, où il leur rappelle ses grands services et le peu de récompenses qu'il en a tiré jusqu'à présent. Après une guerre longue et coûteuse, l'insurrection ayant été domptée, le temps de la rétribution est en effet venu, et, comme son dévouement a été grand, il tirera un grand fruit de ses peines. Il manifeste l'intention de les venir voir. Ils en sont personnellement enchantés. Ce sera une occasion de causer avec lui de ses propres affaires, et d'écouter son opinion sur la manière de gouverner cette île que les guerres civiles ont tant éprouvée. — (Fol. 294; italien.)

157

.........*A Pindebeu de Levanto*[(1)], *Châtelain de Sia.*

1456, 2 juin. Gênes. — Par ses lettres du 22 mai, il prétend que ni lui ni ses hommes n'ont reçu un sou jusqu'à ce jour. Ils ordonnent en conséquence au Massaro de lui faire immédiatement son compte. Il annonce aussi qu'il a pris les biens et détruit les moissons des fils de Manone de Leca. Ils s'en étonnent grandement, Manone étant toujours resté leur ami, et eux l'ayant toujours tenu pour tel. D'ailleurs de pareilles exécutions ne regardent pas les châtelains qui doivent surtout s'occuper de la garde de leurs châteaux. En conséquence, il devra rendre ce qu'il a pris, et réparer le mal qu'il a causé. — (Fol. 294 v°; italien.)

158

..........*A Achille Corso.*

1456, 4 juin. Gênes. — Ils ont reçu ses lettres par lesquelles il se plaint d'avoir été calomnié près d'eux, au sujet de quelques discordes survenues durant la chevauchée que le Vicaire a dirigée contre certains récalcitrants, et où, rectifiant les faits, il démontre qu'il n'a aucun tort. A cela, ils répondent qu'ils n'ont pas l'habitude d'écouter les calomniateurs, à moins qu'ils n'aient la preuve que les faits avancés par eux sont la pure vérité. Donc, qu'il se conduise bien, et ne s'inquiète point de paroles en l'air qui n'ont sur eux aucune influence. — (Fol. 294 v°; italien.)

159

.........*A Lanfranco de Multedo, Châtelain de Bastia.*

1456, 14 juin. Gênes. — Ils ont reçu du Gouverneur de nouveaux rapports sur ses exploits. Ils croyaient l'avoir averti de la manière dont il devait se conduire à l'égard de ce nouveau fonctionnaire. C'est vraiment trop fort. Le Gouverneur a le droit d'inspecter sa garnison, de surveiller sa conduite, de savoir s'il fait le service. C'est un devoir pour lui, et il doit lui obéir en cela, comme en toute autre chose, et avoir pour lui tout le respect

---

[(1)] Avait été auparavant châtelain du château delle Motte, près San Colombano, au Cap Corse. Voir plus haut.

possible. Qu'il tâche de ne pas recommencer, sinon ils seront contraints de faire un exemple sévère en sa personne. — (Fol. 299; italien.)

160

.........*A Priano Salvaigo, Massaro désigné pour la Corse.*

1456, 14 juin. Gênes. — Ils ont reçu ses lettres du 30 mai. Il ne doit pas diminuer les amendes. Si les délinquants ne peuvent payer de suite, il devra leur permettre de fournir bonne et valable caution, et leur accorder les délais convenables. La même chose devra se faire pour les *tercii bandi*. — (Fol. 300; italien.)

161

.........*Au Docteur en droit Giovan Mateo della Spezia, Vicaire de la Corse.*

1456, 14 juin. Gênes. — Jusqu'à présent, ils sont satisfaits de ses services. Si cela se continue, il acquerra gloire et bon renom auprès d'eux, sans préjudice des récompenses. Ils désirent savoir s'il est vrai qu'ayant pris plusieurs voleurs, ils lui ont été enlevés par les caporaux. Ils l'invitent à parcourir toute l'île avec le nouveau Massaro, à voir tout par ses propres yeux, et à prêcher partout la justice et la paix. Et comme certains brouillons prétendent qu'après avoir écrasé les Caporaux, ils veulent faire payer au peuple les frais de la guerre, ils l'engagent à faire bonne justice de ces calomniateurs. Les informer de tout ce qui se passe en Corse. — (Fol. 300 v°; italien.)

162

.........*A Bartolommeo de Orerio, Podestat de Calvi.*

1456, 15 juin. Gênes. — Il leur est venu nouvelle que sept galères catalanes, garnies de fantassins, et qui sont maintenant dans la rivière occidentale, ont passé à l'Argagiola, pour tâcher, au moyen de leurs intelligences, de s'emparer de Calvi, ce à quoi elles n'ont pas réussi. C'est probablement un conte. Pourtant, ils tiennent à l'en informer. Qu'il ait donc les yeux ouverts et fasse les gardes avec plus de diligence qu'à l'ordinaire. Ils savent du reste qu'ils peuvent se fier à lui. S'il a besoin de quelque chose, qu'il s'adresse au Gouverneur. Les informer de tout ce qui se passe. — (Fol. 300 v°; italien.)

163

.........*A Vincentello da Casta.*

1456, 16 juin. Gênes. — Le Duc de Milan voudrait acheter un cheval bai (*morello*), qui appartient à Ludovicho della Roccha. Déjà, plusieurs fois, Hieromino de Savignano a essayé de l'acquérir, sans y pouvoir réussir. Ils écrivent donc au Gouverneur de se servir de son influence pour mener à bien cet achat, et d'user de tous les moyens possibles pour que le Duc soit satisfait. — (Fol. 3o1; italien.)

164

..........*A Giovanni de Vallechia, notaire.*

1456, 21 juin. Gênes. — Ils ont vu ce qu'il a écrit à leur chancelier Francesco au sujet des munitions du château de Baricini, en attendant l'inventaire ainsi qu'un état des vivres. Ceux-ci seront vendus par le Capitaine au profit du Magnifique Office, à l'exception de cinquante mines de grains, d'autant de millet, et de six ou huit porcs salés, ainsi que de quelques tonneaux de vin, que l'on passera au compte de Jacopo de' Marini, Châtelain de cette forteresse. Ils sont contents de sa conduite, et le lui témoigneront par des faits[1]. — (Fol. 3o6; italien.)

165

..........*A Donna Cinarchensa, femme de Manone de Leca.*

1456, 21 juin. Gênes. — Ils ont reçu sa lettre, par laquelle elle demande à rentrer dans ses terres et à jouir de ses propriétés. Vu l'affection spéciale qu'ils lui portent, les bons services de son mari, et sa parenté avec Vincentello d'Istria, ils lui envoient une lettre patente, par laquelle il lui est permis d'aller où il lui plaît, et de jouir de ce qui lui appartient. Le Gouverneur et le Capitaine général lui prêteront à cette occasion toute l'aide possible. — (Fol. 3o6 v°; italien.)

166

..........*Lettre circulaire à tous les Officiers de Saint-Georges en Corse.*

1456, 21 juin. Gênes. — Les Protecteurs de Saint-Georges, vu l'affection qu'ils portent à Donna Cinarchense, femme de Manone da Lecha; vu les services à eux rendus par son mari et la parenté qui la lie avec Vincentello d'Istria, leur fidèle ami, ordonnent à tous leurs officiers de Corse de laisser cette dame aller où il lui plaît, et de lui prêter aide et secours en toute occasion. — (Fol. 3o6 v°; italien.)

[1] Giovanni de Vallecchia aidait le Massaro à inventorier les munitions.

167

..........*A Johannone de Sarola.*

1456, 21 juin. Gênes. — Ils ont appris avec le plus grand déplaisir que lui, et tous ceux qui se trouvaient sur les deux barques, ont tout perdu, et se sont sauvés en chemise. Ils attendent la réponse de leur ambassadeur à Naples au sujet des réclamations qu'ils ont adressées au roi d'Aragon. Quant au fait des hommes de Bocognano, il a mal agi en ne les informant pas du nom de l'officier qui les a molestés, car leur intention est qu'il ne soit fait d'injustice à personne. Ils en ont écrit au Capitaine général et à d'autres, et si le fait se vérifie, ils feront un exemple. Pour ses deux petits-fils orphelins, il peut comparaître par-devant le Gouverneur; on leur rendra justice. — (Fol. 310; italien.)

168

..........*A Guelfuccio de Brando (de' Gentili).*

1456, 21 juin. Gênes. — Ils ont reçu ses lettres où il s'étonne de ce que le Gouverneur se mêle de son différend avec Vincenzo de' Gentili, et demande à comparaître devant eux. Ils ne peuvent suspendre un procès en cours, mais il doit avoir confiance dans l'impartialité du Gouverneur, et en tout cas peut en appeler à eux, et venir les voir quand cela lui fera plaisir. — (Fol. 310; italien.)

169

..........*Au Gouverneur Urbano di Nigro et au Capitaine général Antonio Calvo.*

1456, 25 juin. Gênes. — Le prêtre Andrea Tagliata de Bonifacio leur expose que du temps où Paolo della Rocca dominait dans les environs de Bonifacio et de Barricini, il s'empara de certaines propriétés dépendantes de son bénéfice, les garda sa vie durant, et que son fils Giudice ne pense aucunement à les restituer. Il les a donc priés de lui venir en aide. Eux, voulant que justice soit rendue à leurs bons amis de Bonifacio, leur commettent l'examen de cette affaire, et, s'il y a lieu, ils feront droit au prêtre Andrea. En cas d'absence, l'un d'eux seul sera compétent. — (Fol. 306 v°; latin.)

170

..........*Aux mêmes.*

Même date. Même lieu. — Ils leur ont envoyé les instructions nécessaires au sujet des otages et des prisonniers. Mais Simone di Carlotto, enfermé au château de Calvi, leur a été spécialement recommandé par Francesco di

Carlotto, leur serviteur dévoué, ils les invitent donc à adoucir la captivité de ce prisonnier, et à lui accorder les faveurs que permettra la justice. — (Fol. 307; italien.)

171

.........Au Podestat Antonio de Rapallo, aux Anciens et au Conseil de Bonifacio.

1456, 2 juillet. Gênes. — Ils ont pris en considération les prières qu'ils leur font de gracier les sept Bonifaciens condamnés pour avoir quitté le camp sans la permission du Capitaine général, ainsi que les raisons données par l'un d'eux, Francesco de lo Pigato. Pour complaire à la commune, et malgré le délit qu'ils ont commis, ils leur remettent la peine; mais les coupables devront, par pénitence, travailler aux murs de Bonifacio un nombre de jours, dont ils leur laissent fixer le nombre. — (Fol. 307; italien.)

172

.........Au Podestat Bartolommeo de Orerio, aux Syndics et Conseil de Calvi.

1456, 2 juillet. Gênes. — Ils ont ouï les requêtes de leur ambassadeur Bonaccorso, et y ont fait une réponse qui les satisfera, comme ils l'apprendront avec plus de détails de leur propre envoyé. Encourager le peuple; le temps est venu où le Magnifique Office pourra prendre toutes les mesures nécessaires pour faire de Calvi une ville importante, et procurer l'avantage et l'accroissement de cette commune. — (Fol. 307 v°; italien.)

173

.........A Lorenzo de Rapallo, Châtelain de Calvi.

1456, 2 juillet. Gênes. — Les Calviens se plaignant de ce que sa garnison et d'autres soldats portent des dommages quotidiens à leurs propriétés, ils ont donné au Podestat commission de faire enquête et de punir sévèrement les coupables. Ils lui enjoignent d'empêcher que le mal continue, et, au cas où le Podestat châtierait un des soldats, de lui prêter, s'il est besoin, main forte pour l'exécution de la peine. — (Fol. 308 v°; italien.)

174

.... A Giovanni della Grossa[1].

1456, 12 juillet. Gênes. — Ils ont reçu ses lettres où il leur rappelle ses services, et les dangers qu'il a courus pour le bien de leur cause. Il doit

[1] C'est l'historien.

être persuadé que tous ceux qui ont agi comme lui peuvent compter, non seulement sur leur reconnaissance, mais encore sur une juste rétribution de leurs peines. Qu'il continue donc comme il a commencé, et soit certain qu'aucune de ses œuvres ne restera ignorée d'eux. — (Fol. 317; italien.)

175

. . . . *A Urbano di Nigro, gouverneur de la Corse.*

1456, 16 juillet. Gênes. — Par leurs dépêches, ils lui ont ordonné de faire proclamer partout qu'il était défendu de faire exporter des grains de l'île de Corse, sous les peines contenues dans les édits. Mais comme on leur a demandé si l'orge était comprise dans la prohibition, ils doivent lui faire savoir qu'ils n'ont voulu parler que du blé, et non de ce genre de céréales. — (Fol. 317 v°; latin.)

176

. . . . *Au notaire Giovanni de Vallecchia.*

1456, 17 juillet. Gênes. — Ils attendent avec impatience l'inventaire des armes et munitions qu'il a trouvées au château de Barigini. Et comme vient pour le Magnifique Office le temps des recettes, ils l'engagent à aider le nouveau Massaro, afin qu'il puisse facilement percevoir la taille, et tout ce qui est dévolu au fisc. Quant à ses appointements, ils en ont fait connaître le taux à Pietro de Frevante; mais s'ils sont satisfaits de lui, outre une rétribution équitable, il aura la reconnaissance des Génois et de Saint-Georges, ce qui ne manquera pas de lui procurer quelque utilité dans l'avenir. — (Fol. 320 v°; italien.)

177

. . . . *A Vincentello d'Istria.*

1456, 17 juillet. Gênes. — Non seulement ils lui accordent la permission de venir les visiter, mais ils seront enchantés de le voir pour le remercier de toutes les peines qu'il s'est données pour le bien de leur cause, et pour avoir ses conseils sur la manière de gouverner la Corse. Ils l'avertissent pourtant que sept galères catalanes croisent dans leurs parages, qu'il doit tenir ses yeux ouverts, et ne débarquer que de nuit. — (Fol. 320 v°; italien.)

178

. . . . *A Pietro Antonio Marixio.*

1456, 20 juillet. Gênes. — Paolo Lomellino leur a fait savoir que quand les Catalans ont pillé l'Argagiola, ils ont emporté un acte de feu

Salvagio Salvaigo, Gouverneur de la Corse, qui lui conférait divers revenus sur plusieurs villages de l'île. Leur faire savoir si l'on peut retrouver l'original ; et si ledit Paolo en a conservé copie. — (Fol. 320 v°; italien.)

179

.... *A Urbano di Nigro, Gouverneur de la Corse, et à Antonio Calvo, Capitaine général.*

1456, 21 juillet. Gênes. — Pour le moment il est impossible, il serait même dangereux de faire justice des excès commis dans les temps passés. Mais comme dans les capitulations des Corses d'en deçà des Monts, il y a un article qui déclare que tous les vols, excès ou pillages, commis avant la domination de Saint-Georges, seraient généralement remis, sauf la restitution des biens facilement reconnaissables entre les mains des usurpateurs, ils les engagent à consulter sur cette affaire, et à agir pour le mieux. Ils leur envoient copie de l'article en question. — (Fol. 325; italien.)

180

.... *Au Gouverneur de la Corse Urbano di Nigro.*

1456, 23 juillet. Gênes. — Paolo Lomellino a comparu par-devant eux, et leur a exposé que ses biens ayant été pillés par les Galères catalanes, il désire avoir recours à la générosité des parents et des amis qu'il peut avoir dans l'île, malgré l'article des constitutions de l'île qui le défend. Vu les malheurs du pétitionnaire, ils seraient assez d'avis de lui accorder sa demande, pourvu qu'il n'en résultât pas trop de scandales. Qu'il prenne conseil sur l'affaire, et fasse en sorte, si elle est possible, que ledit Paolo ne puisse rien prendre qui ne lui soit donné de bon gré. — (Fol. 325 v°; italien.)

181

.... *Au Massaro Francesco de' Francisci.*

1456, 27 juillet. Gênes. — Paolo Lodisio Maruffo a promis, au nom du Magnifique Office, de payer le loyer de la maison dans laquelle Manone da Lecha [1] est allé, sur son ordre, habiter à Calvi. Ils lui ordonnent donc d'en régler le prix, depuis le jour de l'arrivée de Manone jusqu'à celui de la sortie de charge dudit Lodisio. Il devra avant tout fournir le prêt aux soldats. Ceux-ci devront, en revanche, restituer toutes les armes que leur ont prêtées les Calviens, et qui ne les rendra pas, les devra payer sur sa solde.

[1] Probablement Manone da Leca était devenu suspect, sans doute à cause de son fils Vincente, et on l'avait mis pour quelque temps au domicile forcé (*domicilio coatto*).

182

.... *Au Docteur en droit Giovan Mateo de la Spezia, Vicaire de Corse.*

1456, 27 juillet. Gênes. — Affredo Corso s'est plaint à eux de ce qu'ayant, il y a plusieurs années, fourni caution de cent livres pour la rançon de Giovanni Ponsani, celui-ci ne les lui a jamais rendues. En conséquence, ils lui enjoignent de faire rendre justice sommaire au suppliant. — (Fol. 327; latin.)

183

.... *Au Gouverneur Urbano di Nigro.*

1456, 28 juillet. Gênes. — Ils lui ont ordonné, et lui ordonnent de faire en sorte qu'aucune quantité de grains menus ou gros ne sorte de la Corse. Quant à l'orge, sur la prière du Duc de Milan, ils permettent l'exportation de 400 mines en faveur de Manuello Granello qui les a achetées. — (Fol. 328; italien.)

184

.... *Au même.*

1456, 29 juillet. Gênes. — S'il les veut venir trouver, qu'il prenne passage sur le vaisseau de Carolo Italiano; car leur désir de le voir est peut-être encore plus grand que le sien. — (Fol. 328 v°; italien.)

185

.... *A Priano Salvaigo, Massaro de Corse.*

1456, 30 juillet. Gênes. — Comme ils l'ont averti, le château de Barigini doit tenir quinze payes, y compris trois maçons auxquels ils ont donné 58 livres pour deux mois. S'ils doivent rester plus longtemps pour les réparations, il leur devra donner 29 livres par mois. — (Fol. 328 v°; italien.)

186

.... *A Urbano di Nigro et à Antonio Calvo.*

1456, 30 juillet. Gênes. — Comme il peut arriver que les soldats licenciés, et qui doivent revenir par le vaisseau d'Italiano, n'aient pas réussi à se pourvoir de vivres, ils leur envoient 42 sacs de biscuits de 36 cantares 17 rubi chacun, à raison de 52-53 livres la cantare. Malgré tout, il faut qu'ils se procurent des vivres pour huit jours, ce biscuit devant être considéré comme une réserve qui sera déduite de leur solde. On leur apprend aussi que la récolte en Corse n'a pas été aussi bonne qu'on l'espérait. En conséquence, eux, Protecteurs, défendent de nouveau l'exportation du blé comme de l'orge. Exception ne sera faite que pour les 400 mines de Manuello Granello, dont l'exportation a été concédée à la prière du Duc de Milan. — (Fol. 329; italien.)

187

.... *A Ada de' Vivaldi, Châtelain de Ginarcha.*

1456, 14 août. Gênes. — L'île étant pacifiée, ils n'entendent pas tenir plus de vingt payes à la garde du château. Ils ont donné ordre au Gouverneur et au Capitaine général de réduire sa garnison à ce nombre, lui compris. Si ce n'est pas encore fait, qu'il agisse lui-même. Ils sont également informés qu'à Ginarcha, il y a plus d'armes et de munitions qu'il n'est nécessaire. C'est pourquoi il devra envoyer le surplus à Bonifacio, et en d'autres forteresses, contre reçu et inventaire. — (Fol. 335 v°; italien.)

188

.... *A Giudicello de Evisa.*

1456, 9 août. Gênes. — Ils ont reçu ses lettres, où il se plaint des dommages que lui causent les châtelains de Sia, ainsi qu'à ses voisins, puis des autres griefs provenant de Giudicello, Arrigo, Carlo et Piccino, fils de Guillelmo, au sujet de la vigne de Donna Battistina, etc. Ils en ont écrit au Gouverneur et au Capitaine général, qui feront enquête là-dessus, et si les châtelains ont mal agi, ils en porteront la peine. Qu'il ait donc patience. — (Fol. 331; italien.)

189

.... *A Bartolommeo de Orerio, Podestat de Calvi.*

1456, 9 août. Gênes. — Ayant confiance dans sa prudence et ses vertus, ils ont écrit au Gouverneur de le choisir comme Lieutenant d'Outre-Monts, en remplacement de Giovanni Cicavese, qui a démérité. Ils l'invitent à accepter cette charge *ad beneplacitum*, et l'exhortent à faire savoir à ces populations que le but de leurs efforts a toujours été de leur donner la paix, la justice et la tranquillité. — (Fol. 331; italien.)

190

.... *A Francisco de' Francisci, ancien Massaro de Corse.*

1456, 16 août. Gênes. — Ils ont reçu ses lettres du 22 et du 31 juillet et attendent avec impatience son arrivée. Le Gouverneur et le Capitaine général les ayant informés qu'il avait refusé de leur montrer ses registres, ils trouvent la chose de pernicieux exemple. Et s'il est encore en Corse quand il recevra cette lettre, il devra leur donner toute satisfaction. Le Gouverneur a reçu ordre de lui donner congé au plus tôt. Quant au Capitaine, ils lui ont écrit de se montrer coulant pour la solde de ses hommes. A son arrivée, ils espèrent qu'ils recevront de lui diverses explications qui leur font défaut. Quant au reste, ils ne répondent pas, car ils pensent le voir bientôt. — (Fol. 324; italien.)

191

.... *Au Plebain de Vico, Lorenzo de Cipello.*

1456, 16 août. Gênes. — Ils écrivent au Capitaine général au sujet de ce qu'il y a à faire pour la Plébanie de Vico. Qu'il prenne courage, car ils le comptent au nombre de leurs meilleurs serviteurs. Quand la peste cessera à Rome, ils feront régulariser sa nomination. Francesco di Carlotto est intervenu en sa faveur; mais, malgré leur estime pour ce fidèle partisan, il n'avait pas besoin de cette recommandation. — (Fol. 324 v°; italien.)

192

.... *A Manone da Lecha.*

1456, 16 août. Gênes. — Ils lui expédient les lettres patentes qu'il a sollicitées. Ils le tiennent au nombre de leurs plus chers amis, comme il en aura plus tard la preuve. — (Fol. 334 v°; italien.)

193

.... *A Priano Salvaigo, Massaro de Corse.*

1456, 16 août. Gênes. — Ils ont reçu de ses nouvelles, et savent qu'il a besoin d'un aide. Ils le lui enverront le plus tôt possible. En attendant, qu'il se serve de Corses à lui connus et du greffier du Gouverneur, ou d'autres personnes capables et actives, surtout dans la correspondance. Francesco da Lecha leur a demandé de faire retenir 50 livres sur les appointements de Carlo Balbo, montant de la somme dont il lui est débiteur. Ils lui ordonnent de le faire, à moins que Carlo ne fournisse bonne caution. — (Fol. 335 v°; italien.)

194

.... *A Battista Calvo, Podestat de Calvi.*

1456, 16 août. Gênes. — Ils lui recommandent la diligence dans la garde de la ville, attendu que dix Galères catalanes croisent dans ses parages. D'ailleurs les Catalans prétendent avoir des intelligences dans l'île[1]. S'il a besoin de quelques soldats de renfort, qu'il s'adresse au Capitaine et au Gouverneur. Les excuser auprès de l'abbé de San Bartolommeo. Ils ne lui ont point octroyé licence d'exporter 25 à 30 mines de blé, parce qu'ils sont accablés de demandes de ce genre, et qu'il leur a été impossible de ne favoriser qu'un seul pétitionnaire. — (Fol. 336; italien.)

195

.... *A Cosma Dentuto, Châtelain de Corte.*

1456, 2 septembre. Gênes. — Ils ont reçu avec plaisir la lettre où il les informe des désordres commis par son prédécesseur. En agissant ainsi, il a fait son devoir. Mais comme Leonardo nie tout, ils lui recommandent de recueillir toutes les preuves possibles à ce sujet. — (Fol. 305; italien.)

196

.... *A Ada de' Vivaldi, Châtelain de Ginarcha.*

1456, 2 septembre. Gênes. — Leonardo de Axereto ne veut absolument pas accepter le prix qu'il met au blé par lui expédié l'an passé au château de Corte. Il prétend que le blé valait beaucoup moins que maintenant, de quoi il fournit plusieurs preuves. Avant de porter un jugement, ils veulent entendre sa défense. Ils l'invitent à venir lui-même, ou à envoyer quelqu'un qui expose ses raisons, sinon ils iront de l'avant, comme ils croient que le veut la justice. — (Fol. 350; italien.)

197

.... *Au Massaro Priano Salvaigo.*

1456, 9 septembre. Gênes. — Les Bonifaciens se plaignent de ce que, ayant prêté au Capitaine général 500 ducats d'or appartenant à la caisse des approvisionnements, celui-ci leur ait rendu cette somme en baioques, ce qui leur fait perdre 4 ducats au change. Cette caisse étant fort importante, il devra s'arranger de façon à réparer le dommage. — (Fol. 353; italien.)

198

.... *Au Gouverneur Urbano di Nigro.*

1456, 17 septembre. Gênes. — Comme ils le lui ont ordonné déjà, il devra défendre l'exportation des blés et des grains pour augmenter l'abon-

---

[1] Giudice de la Rocca s'était réfugié en Sardaigne après l'exécution de Raffaelo, tandis que les autres seigneurs rebelles intriguaient à Naples auprès du roi. (Giovanni della Grossa, éd. cit., p. 320.)

dance dans l'intérieur de l'île, où le commerce des céréales sera libre. Mais à la requête du noble Guelfuccio [1], ils lui enjoignent de laisser transporter des grains à Brando, et dans tous les autres lieux de sa seigneurie. — (Fol. 354; italien.)

199

.... Au même.

1456, 17 septembre. Gênes. — Les prêtres [2] de la Corse se plaignent de ce que le Massaro ait exigé d'eux cette année la taille pour leurs maisons, sous prétexte qu'ils les habitent en compagnie de leurs femmes et de leurs enfants. Ils déclarent que c'est un abus qui n'a jamais eu lieu en Corse, sous aucun autre gouvernement. Il devra s'informer si c'est la vérité, auquel cas il faudra les exempter, mais pour un feu seulement, et quand même dans le presbytère se trouveraient ou leurs femmes ou leurs fils. — (Fol. 354; italien.)

200

.... Au même.

1456, 17 septembre. Gênes. — Rolanduccio de lo Vescovato prétend que s'il s'emploie à conclure la paix au sujet de l'homicide commis par ses deux frères, la chose s'arrangera très facilement. Ils l'invitent à user de lui, si l'on peut arriver au but sans trop blesser la justice. — (Fol. 354 v°; italien.)

201

.... Au Docteur in utroque Giovan Mateo de la Spezia, Vicaire de la Corse.

1456, 17 septembre. Gênes. — Ayant appris qu'Aldrovando de Castellario a depuis longtemps un procès pendant devant son tribunal avec Carlo de Casta, au sujet de certaines gabelles; comme on prétend que l'influence de ce Caporal paralyse son action, ils l'engagent à en finir au plus tôt avec cette affaire, ainsi qu'avec toutes les autres qui pourraient être en cours. Les Corses doivent être bien persuadés que le Magnifique Office veut faire droit aux petits comme aux grands. — (Fol. 354 v°; italien.)

[1] De' Gentili.
[2] A cette époque, et dès le temps du pape Grégoire le Grand, presque tous les prêtres séculiers de la Corse vivaient avec des concubines. Cet abus ne cessa guère qu'au xvii° siècle par les missions des Jésuites et des Servites. C'était l'impôt par feux; chaque maison où il y avait des femmes et des enfants appartenant soit disant à un individu, comptait pour un feu. Cela semblerait indiquer que les prêtres corses ne se contentaient point d'une seule femme. En effet, dans le peu d'actes du moyen âge qu'on a de ce pays, la désignation de fils d'évêque, de prêtre ou de plébain n'est pas rare. (Voir surtout les chartes de la Gorgone.)

202

.... *A Giovanni da Mare, du Cap Corse.*

1456, 17 septembre. Gênes. — L'Évêque de Mariana se plaint de ce qu'il l'empêche de percevoir les revenus et les dîmes qu'il possède sur son territoire. Connaissant les bons procédés dont l'Évêque a toujours usé à son endroit, ils s'étonnent grandement de cette manière d'agir, et l'invitent à en changer, s'il a à cœur la bienveillance de Saint-Georges. — (Fol. 355; italien.)

203

.... *Au Gouverneur Urbano di Nigro.*

1456, 24 septembre. Gênes. — Le Corse Battistino, fils de Paolo de Marcheize, se transporte dans l'île pour réaliser sa fortune, et faire payer les créances de son père qui, dit-on est malade. Ce sont des gens très pauvres et très intéressants. Ils lui recommandent donc ledit Battistino. Qu'il lui prête donc aide et secours en tout ce qui ne lésera pas la justice. — (Fol. 357; italien.)

204

.... *Au Podestat Antonio de Rapallo et aux Anciens de Bonifacio.*

1456, 24 septembre. Gênes. — Ayant ouï les requêtes d'Antonio Rozea et de Vinciguerra de Cataiollo, ils permettent que quand on demandera à lui, Podestat, un sauf-conduit, il en puisse délibérer avec les Anciens, et l'accorder ou le refuser sur leur avis, mais qu'il se souvienne que son consentement personnel est absolument nécessaire. — (Fol. 358; italien.)

205

.... *Aux mêmes.*

1456, 27 septembre. Gênes. — Jacopo de Placentia n'ayant voulu faire charger mille mines de grains sur le navire d'Antonio Rozea que sous des conditions particulières, ils ordonnent, en conséquence, que si ledit Jacopo, ou qui le représente, n'a pas expédié ladite quantité de grains dans les trois mois à partir du jour où elles seront déchargées[1] à Gênes, sous les clauses du contrat passé avec lui, ils seront libres d'exporter toute la quantité de blé qu'il leur plaira, et qu'ils n'auront pu vendre. — (Fol. 358; italien.)

[1] Lesdites 1,000 mines.

206

.... *Au Gouverneur de la Corse Urbano di Nigro.*

1456, 1ᵉʳ octobre. Gênes. — Le Vénérable Antonio de Multedo, Protonotaire Apostolique, leur demande la remise de ce qu'il a entre les mains d'argent, de chevaux et d'effets appartenant à Messire Pietro de Doliis. Ils le prient de leur envoyer le plus tôt possible des informations à ce sujet. — (Fol. 36o; italien.)

207

.... *A Battista Calvo, Podestat de Calvi.*

1456, 9 octobre. Gênes. — Cristofero de Nucio, citoyen génois, est venu leur représenter que Dexerino Malilavolio, et plusieurs autres Calviens, sont ses débiteurs pour des sommes importantes, et les a priés de l'aider dans le recouvrement de ses créances. En conséquence, ils l'invitent à faire rendre justice audit Cristofero de Nucio, ou à son procureur Ambrosio de Vigenio. — (Fol. 365 v°; latin.)

208

.... *Au Gouverneur Urbano di Nigro.*

1456, 9 octobre. Gênes. — L'Office du sel s'est accordé avec Gaspare Lercario pour le transport d'une certaine quantité de sel à Bastia et à Saint-Florent. En conséquence, le Massaro devra recevoir avec soin toute la cargaison de cette denrée qui sera embarquée sur le vaisseau de Francesco di Recalo, et, après en avoir vérifié la quantité, il fera payer au susdit patron la somme indiquée par l'expéditeur, jusqu'à concurrence de 480 livres de monnaie génoise, et pas davantage. Ensuite, lui, Gouverneur les avisera. — (Fol. 366; latin.)

209

.... *Au Massaro de la Corse, Priano Salvaigo.*

1456, 12 octobre. Gênes. — Parmi les récompenses accordées à Vincentello d'Istria, il y a le don d'une paire de bœufs, et la jouissance pour une année du revenu des biens du rebelle Formigio di Santa Maria. Ils l'invitent à faire en sorte que Vincentello soit mis le plus tôt possible en possession de tout cela. — (Fol. 367; italien.)

210

.... *Au Capitaine Alphonse l'Espagnol.*

1456, 12 octobre. Gênes. — Ils ont reçu ses lettres, où il leur demande de pouvoir enrôler quelques Corses, et un prolongement d'engagement. Ils sont satisfaits de lui, mais quant aux Corses, leur usage n'est pas de les enrôler. Pour le prolongement de son engagement, ils écrivent au Capitaine général, qui résoudra la question d'une manière satisfaisante pour lui. — (Fol. 368; italien.)

211

.... *Aux Capitaines Griffone et Guillelmo de Capoue.*

1456, 12 octobre. Gênes. — Ils ont reçu leurs lettres, et savent que le capitaine Griffone les veut venir visiter. Il n'a pas besoin de se déranger, car ils sont parfaitement édifiés sur son compte, et le Capitaine général a besoin de lui. Ils leur sont d'ailleurs reconnaissants à tous deux de leurs bons services, et s'ils continuent, ils auront honneurs et récompenses. — (Fol. 368 v°; italien.)

212

.... *A Ada de' Vivaldi, Châtelain de Ginarcha.*

1456, 12 octobre. Gênes. — Ils ont reçu ses lettres ainsi que le dossier du procès fait contre lui par le Vicaire. Ils vont l'examiner et décideront ce que veut la justice. Quant a ses différends avec le Capitaine général, ils lui donneront tribunal équitable avant que ce dernier ne quitte l'île. Mais comme ils ont ordonné à ce dernier d'envoyer une partie de ses munitions à Leca et à Sia, de réduire sa garnison sur pied de paix, et de s'assurer si tous ses hommes sont prêts au service, ils lui ordonnent, malgré ce qui est survenu entre eux, de le traiter avec honneur et respect, et de le laisser entrer au château avec la suite qu'il lui plaira d'amener. Ils lui demandent, en outre, le compte du vin recueilli dans les vignobles du château de Ginarcha. — (Fol. 368 v°; italien.)

213

.... *A Bartolomeo Sireto, Châtelain de Sia.*

1456, 12 octobre. Gênes. — Ils ont reçu ses lettres qui traitent du dommage causé à cette forteresse par son prédécesseur. Ils écrivent au Capitaine général qu'il fasse punir ce châtelain, et le pourvoie avec les munitions de Ginarcha. Le Massaro est chargé de le munir de vivres pour un an. Ces deux officiers doivent, en outre, lui fournir tout ce dont il aura besoin. Qu'il fasse bonne garde au château, et leur envoie le décompte de la récolte des vignes dépendant du fisc de sa châtellenie. — (Fol. 369; italien.)

214

..........*A Hieronimo de Goarco, Châtelain de Leca.*

1556, 12 octobre. Gênes. — Ils ont reçu ses lettres, et appris dans quel état il a trouvé la forteresse. Ils écrivent au Capitaine général et au Massaro de le pourvoir sur les munitions qui sont en trop à Ginarcha, et de le fournir de vivres pour un an. Qu'il hâte l'exécution de ces mesures et fasse bonne garde au château. Leur envoyer au plus tôt le compte de vin qu'il a recueilli. S'il a besoin des Corses, qu'il les paye. Si, malgré tout, ils n'obéissaient point, qu'il en réfère au Capitaine général. Car ils ne veulent en aucune façon que les châtelains aient pouvoir sur le peuple. Quant à ses autres demandes, ils réfléchiront, et prendront les informations nécessaires. — (Fol. 369; Italien.)

215

..........*A Antonio de Rapallo, Podestat de Bonifacio.*

1456, 12 octobre. Gênes. — Ils ont reçu ses lettres datées du 1er septembre, et y répondent brièvement. Quant aux approvisionnements nécessaires à cette commune, ils y ont pourvu par les lettres expédiées sur le vaisseau d'Antonio di Rozea. Ils s'étonnent de ce qu'il ne se rappelle plus ce qu'il leur a écrit au sujet de Giovanni Cicaveize, et lui envoient copie de l'article de ses lettres qui concernent ce personnage. Quant à sa demande de 200 livres, il n'a pas à s'inquiéter, ils pourvoiront aux besoins de sa femme. L'exhortent à bien garder Bonifacio. — (Fol. 369; italien.)

216

..........*Au Gouverneur de la Corse, Urbano di Nigro.*

1456, 15 octobre. Gênes. — Désirant être agréables à Francesco da Mari, ils l'exhortent à lui prêter main-forte pour l'exécution d'une sentence rendue en sa faveur par Hieronimo de Goarco, Podestat du Cap Corse, contre Justino de Centuri. Ils l'engagent à s'entendre à ce sujet avec Francesco da Mari. — (Fol. 364; italien.)

217

..........*A Giovanni Mateo de la Spezia, Vicaire de Corse.*

1456, 15 octobre. Gênes. — Le patron d'un yacht de Calvi, surnommé *Il Papa*, leur a parlé de la sentence rendue par lui contre Andrea et Giorgio de Feliceto, en faveur de Clara, fille de Gogiarello de Muro. Ils savent que, dans cette sentence, il a réservé aux condamnés le droit de faire appel au Magnifique Office dans un délai à fixer par eux, Protecteurs. En conséquence, ils déclarent qu'au bout de deux mois la sentence sera devenue irrévocable. — (Fol. 364; italien.)

218

.... *A Antonio Calvo, Capitaine général de la Corse.*

1456, 15 octobre. Gênes. — Mateo Scarcella, ancien capitaine au service de Saint-Georges, leur a exposé que Gregorio de Faenza, qui est maintenant dans l'île, non seulement est son débiteur, mais a de plus commis un vol à son préjudice. En conséquence, ils lui enjoignent de prendre connaissance de cette affaire, et de procéder contre ledit Gregorio, s'il y a lieu. (Fol. 364 v°; italien.)

219

.... *Au même* [1].

1456, 15 octobre. Gênes. — Vincentello d'Istria leur apprend qu'il a contraint le nommé Guelfuccio de Ciavarino, et ses neveux à lui donner un otage. Cet homme a été longtemps le domestique de Vincentello, et a combattu avec lui contre les rebelles. Et comme, à ce que dit Vincentello, il n'a pris cet otage que parce qu'il en a demandé à tous les Niolais, ledit Guelfuccio les suppliant, ils l'invitent à s'entremettre pour que cet otage soit rendu à ce pauvre homme et à sa famille. — (Fol. 364 v°; italien.)

220

.... *A Lorenzo Rapallo, Lieutenant d'Outre-Monts.*

1456, 15 octobre [2]. Gênes. — Ils sont avertis que les peuples d'Outre-Monts se plaignent des excès commis par Giovanni Ciccaveize et Giovanni della Grossa [3], tandis que l'un était châtelain de Ginarcha, et l'autre Vicaire de la Banque; ils lui ordonnent de faire enquête à ce sujet, et après avoir fait dresser procès-verbal par notaire, de lui envoyer les dossiers qui seront le résultat de cette enquête. Ensuite, ils décideront ce que veut la justice. Ils l'engagent à rendre la justice impartialement aux populations, car c'est là pour eux le but suprême de tant de peines et de fatigues. — (Fol. 369 v°; italien.)

---

[1] Cette lettre confirme la réputation de cruauté faite à Antonio Calvo par les historiens corses. (Voir *Giovanni della Grossa*, p. 320-321.)

[2] Celle-ci également.

[3] C'est l'historien.

221

..........*Au Capitaine Général de la Corse, Antonio Calvo.*

1455, 19 octobre. Gênes. — Le Capitaine d'infanterie, Giovanni delle Treccie, leur a exhibé un traité conclu par lui avec Jeromino de Savignano, son prédécesseur, et confirmé par eux, en vertu duquel il lui est promis de lui faire justice contre tous les Corses qui l'ont volé, lui et les siens, au temps de Paolo Lodisio Marruffo[1]. Désirant que justice soit rendue, non seulement au susdit qu'ils aiment beaucoup, mais encore à tout le monde, ils lui enjoignent de faire droit à tout mandataire dudit Giovanni, de manière à ce qu'il comprenne bien que les promesses de Saint-Georges sont toujours observées. — (Fol. 370; italien.)

222

..........*Au même.*

1456, 18 octobre. Gênes. — Ils pensent qu'il sait combien leur est cher le noble Francesco da Mare, leur serviteur dévoué. En conséquence, comme le susdit retourne en Corse, ils le lui recommandent étroitement, l'exhortant à lui prêter tous les secours possibles, et à lui accorder toutes les faveurs honnêtes. — (Fol. 370; italien.)

223

..........*Au Capitaine général de la Corse.*

1456, 19 octobre. Gênes. — Après qu'ils lui ont écrit sur les affaires de Luzione da Quensa et de Giovanni de lo Piovano, Colombano, fils de Luzione, est devenu malade, de sorte qu'il est à peu près impossible qu'il remplisse dans le délai de dix jours les obligations qu'il s'est imposées. Ils l'exhortent à lui donner un délai supplémentaire de cinq jours. — (Fol. 370 v°; italien.)

224

..........*A Francisco de' Francisci*[2], *Massaro de Corse.*

1456, 19 octobre. Gênes. — Ils ont écrit au Capitaine général de lui restituer tous ses registres, et de ne mettre aucun obstacle à son départ. Qu'il vienne le plus tôt possible. Ils ont ordonné au Gouverneur de faire

---

[1] Allusion à la défaite des Génois sur le Liamone et dans le Niolo. (Voir plus haut.)

[2] Ancien Massaro, remplacé par Priano Salvago.

dresser pour son usage une espèce de comptabilité. Si cette copie n'est pas encore terminée, ils l'engagent à en finir le plus tôt possible, avec l'aide du greffier de Calvi et d'autres encore, si c'est nécessaire. Ensuite qu'il vienne à Gênes par la voie la plus directe. — (Fol. 370 v°; italien.)

225

.........*A Antonio Calvo, Capitaine général.*

1456, 19 octobre. Gênes. — L'Évêque d'Aleria les a priés de lui recommander Santuccio di Bacciacone, qu'il a fait emprisonner comme accusé de vol. Désirant être agréable audit Évêque, ils lui recommandent d'examiner l'affaire de ce prisonnier, et, s'il a été calomnié, de le délivrer au plus tôt. — (Fol. 371; italien.)

226

.........*A Giovanni da Mari, du Cap Corse.*

1456, 18 octobre. Gênes. — Juliano da Barda, capitaine de fuste, se plaint de ce que ses vassaux lui ont causé plusieurs dommages dont il n'a pas tiré vengeance, à cause de son respect pour Saint-Georges. Il demande réparation et bon accueil dans sa seigneurie. Sinon, il sollicitera des lettres de représailles. Ils l'ont invité à attendre le résultat de ses négociations avec lui. Ils l'engagent donc à s'arranger avec ledit Juliano. — (Fol. 376 v°; italien.)

227

.........*A Massaro Priano Salvaigo.*

1456, 20 octobre. Gênes. — Ils ont appris par ses lettres que le Gouverneur, malgré leurs ordres, ne lui a pas donné tout l'argent qui provenait des tailles, ce qui leur est infiniment désagréable. Ils lui envoient donc un mandat, et si, au moment où il aura reçu cette lettre, le Gouverneur ne s'est pas exécuté, il devra lui présenter la susdite pièce et les avertir dûment du jour où elle aura été présentée, et si le Gouverneur y a obéi. Ils ont prêté à Vincentello d'Istria 60 grands ducats d'or, et l'ont porté débiteur de 153 livres, leur valeur. Il devra s'en faire rembourser audit Vincentello. (Fol. 372; italien.)

228

.........*A Battista Calvo, Podestat de Calvi.*

1456, 21 octobre. Gênes. — Giovanni de Vallecchia a oublié d'emporter avec lui un timbre (*marchio*), pour timbrer les sacs et les caisses contenant les munitions qu'il leur envoie par le vaisseau d'Ambrosio di Vigenio. Le faire expédier par personne sûre, soit audit Giovanni, soit au Massaro. Ils lui font tenir également des lettres importantes pour le Capitaine et le Massaro, qu'il est nécessaire de lui faire parvenir au plus tôt. Il donnera toute l'aide possible audit Ambrosio, si par hasard il en a besoin. — (Fol. 372 v°; italien.)

229

.........*Au Gouverneur de la Corse, Ambrosio*[1] *di Negro.*

1456, 21 octobre. Gênes. — Oliverio Grasso de Savone s'est présenté devant eux en suppliant, et s'est répandu en excuses. Comme il est notoire qu'il a beaucoup de biens et de créances en Cap Corse, ils sont d'avis de lui permettre de rester quatre mois dans le pays. Mais il devra promettre tout d'abord de ne s'immiscer en aucune façon dans l'administration de cette contrée, ni de faire le prépotent, ou porter injure à quiconque. Au bout du délai convenu, il devra partir sans récriminer. Et à ce sujet, il devra, lui Gouverneur, s'entendre avec Giovanni da Mare. — (Fol. 372 v°; italien.)

230

.........*A Alessandro et à Prospero di Usodimare.*

1456, 17 novembre. Gênes. — Ils ont..... appris comme quoi, à la requête d'Antonio Calvo, ils ont pris à leur bord trois jeunes Corses, qu'ils doivent remettre ensuite à Jacopo Calvo[2]. La nourriture et le passage de ces jeunes gens leur seront compensés. — (Fol. 380; italien.)

231

.........*Au Podestat et aux Anciens de Bonifacio.*

1456, 3 décembre. Gênes. — Lazaro de Passerano leur a présenté un acte signé du notaire Battista Parisola, et daté du 15 septembre passé, duquel il résulte que l'arbalétrier Nicolas de Castellione a promis audit Lazaro 27 livres sur son salaire. Comme ils ne savent pas même si ledit Nicolas a été à leur service, ils ont refusé de payer et demandent des renseignements. — (Fol. 386; italien.)

232

.........*A Antonio Calvo, Capitaine général en Corse.*

1456, 10 décembre. Gênes. — Le nommé Alegro di Autricoli, qui a été à leur service, comme soldat, en Corse, se plaint d'avoir été pris deux fois et maltraité par les indigènes. Il réclame justice sommaire. Si le fait

---

[1] Erreur du copiste; il faut lire Urbano.
[2] Ce doit être Battista Calvo, podestat de Calvi.

est vrai, qu'il la fasse aussitôt, soit audit Alegro, soit à son mandataire, le capitaine Alphonse l'Espagnol. — (Fol. 389; italien.)

233

.... *A Battista Calvo, Podestat de Calvi.*

1456, 17 décembre. Gênes. — Ils ont reçu des informations sur l'état de l'île. Ils louent sa diligence et lui recommandent de continuer à les bien informer. Par le présent navire, ils lui envoient trois jeunes Balognais suspects que le Capitaine général leur avait expédiés par le vaisseau des Usodimare. Les rendre à leurs familles. Et comme ces jeunes gens, dénoncés au Capitaine général, ont subi la torture, il devra veiller à ce que leurs parents ne les maltraitent pas au sujet de leurs aveux. Ils l'exhortent à veiller plus que jamais à la sécurité de Calvi, et à visiter souvent le châtelain, l'invitant à la vigilance, tant de jour que de nuit, surtout au sujet des prisonniers, et notamment de Vincente de Leca. — (Fol. 392; italien.)

234

.... *Au même.*

1456, 18 décembre. Gênes. — Ils ont donné un acompte de 10 sous pour le passage des trois jeunes Balognais au patron de ce navire. Leur dépense a commencé aujourd'hui au soir. Si les frais dépassent cette somme, il devra les parfaire et demander le remboursement au Massaro. — (Fol. 392; italien.)

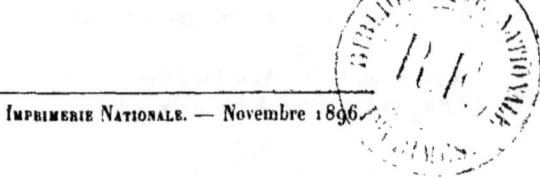

Imprimerie Nationale. — Novembre 1896.

www.ingramcontent.com/pod-product-compliance
Lightning Source LLC
LaVergne TN
LVHW051507090426
835512LV00010B/2390